本书由湖南商学院学术著作出版基金资助出版
湖南省哲学社会科学基金项目(编号:13YBB119)研究成果

担保公司会计规范与监管研究

侯旭华 著

中国财政经济出版社

图书在版编目（CIP）数据

担保公司会计规范与监管研究／侯旭华著．—北京：中国财政经济出版社，2015.1

ISBN 978-7-5095-5730-3

Ⅰ.①担… Ⅱ.①侯… Ⅲ.①担保-公司-会计-研究-中国 Ⅳ.①F832.39

中国版本图书馆CIP数据核字（2014）第238439号

责任编辑：刘五书　林治滨　　　责任校对：黄亚青
封面设计：孙俪铭　　　版式设计：兰　波

中国财政经济出版社出版

URL：http：//www.cfeph.cn

E-mail：cfeph@cfeph.cn

社址：北京市海淀区阜成路甲28号　邮政编码：100142

营销中心电话：88190406　北京财经书店电话：64033436　84041336

北京富生印刷厂印刷　各地新华书店经销

787×960毫米　16开　13.25印张　210 000字

2015年3月第1版　2015年3月北京第1次印刷

定价：36.00元

ISBN 978-7-5095-5730-3/F·4633

（图书出现印装问题，本社负责调换）

本社质量投诉电话：010-88190744

打击盗版举报热线：010-88190492、QQ：634579818

前 言

我国担保业 1993 年才开始起步，至今该行业缺乏一个完整的会计理论体系，在实务中也没有能够引起人们的足够重视。本书基于现行会计准则的发展背景，从一般公认会计和监管会计两大体系研究担保公司会计运作问题，两者相辅相成，互为补充，其内容包括我国担保公司会计理论的基本框架、运行模式、原担保合同的确认和计量、再担保合同的确认和计量、担保公司会计信息披露、担保公司现场检查技术、担保公司监管会计报表与监管指标。本书的特点和意义在于：

1. 为建立独立的担保行业会计准则提供理论基础

担保公司作为一个特殊行业，经营的是信用，管理的是风险，承担的是责任，其经营过程及其结果有着显著的行业特色，因此，针对该行业需要制定一个单独的行之有效的会计准则。它不是担保会计制度细枝末节的修改，而是在系统地把握担保公司会计个性、担保会计规范发展与国际变革趋势的基础上制定出来的。本书借鉴保险会计准则的成功经验对现有的担保公司会计制度进行重新梳理并在此基础上进一步创新，对原担保合同的确认和计量、再担保合同的确认和计量、担保公司会计信息披露等问题进行探讨，这对于推动我国担保行业会计规范化建设，加快担保行业会计准则制定步伐有着重要作用。

2. 拓展了我国担保行业监管会计体系的新研究

一个完整的担保公司会计体系不仅包括一般公认会计，而且还包括监管会计，现有研究虽然对担保公司监管的重要性已达到共识，但没有具体涉及监管会计。本书从我国担保行业现实监管需求出发，针对我国担保行业存在的财务风险点，对财务报表各要素及具体项目现场检查的技巧、方法进行深入研究，进而对监管会计报表、监管指标的设计与评价进行有益探索，这无疑为监管部门提供了监管思路和改革路径，同时可以保护被担保人、投资人及其他利益相关者的合法权益，防范和化解金融风险，促进我国担保行业稳定持续健康快速发展。

3. 为担保公司会计实务操作提供新的技术支持

目前我国担保公司会计立足于落后的计算技术与计量方法上，比如未到期责任准备金和担保赔偿准备金按固定比例提取，这种刚性的提取方法有悖于其或有性，也和目前国际采纳的公允价值计量属性不相匹配。本书以担保公司会计存在的问题和难点为切入点，对担保费收入的确认、担保合同准备金的计量和充足性测试、分担保费收入的预估方法等难点问题进行分析，并提供担保新兴业务或老业务新流程以及尚未应用而又有重要作用的会计计量和核算方法，为担保公司实务操作提供了有效的运行模式。

本书是本人主持的湖南省哲学社会科学基金项目（编号：13YBB119）研究成果。在写作过程中，中南大学申建凯教授、复旦大学经济学院院长助理许闲副教授、安徽财经大学陈美桂老师、长沙银行申钰希、长沙雨花区财政局尹煜华参与了本书的资料收集和整理工作。在调研过程中，得到了山东汇银担保公司财务部经理李春雷的指导和支持，在此表示诚挚的谢意。另外，感谢中国财政经济出版社刘五书博士对本书稿的精心修改和润色。希望本书的推出能够起到抛砖引玉的作用，促使更多的人来研究担保公司会计，掌握科学可行的方法，共同促进担保公司会计的规范化建设。由于时间仓促、作者水平有限，书中的不足之处恳请各位同仁予以指正，以便进一步充实和完善。

侯旭华

2014 年 12 月

目 录

第一章 导论

第一节 研究背景及意义

一、研究背景

党的十八届三中全会指出，我国当前应完善金融市场体系，在加强监管前提下，发展中小型金融机构，并强调应落实金融监督改革措施和稳健标准，完善监管协调机制。融资性担保公司（以下简称担保公司）作为金融市场的重要组成部分，在破解中小企业融资难题方面发挥着重要作用，但高杠杆的经营特征决定了该行业本身具有较高风险，而会计制度的完善与否直接影响着担保机构的稳健经营、风险控制的能力和监管部门审查监督的有效性（Sebastian Si Geche，2008）。我国担保业 1993 年才开始起步，至今该行业缺乏一个完整的会计理论体系，现有研究成果大致分为以下几个方面：（1）担保公司会计模式研究。国外学者认为，担保公司作为经营高风险的行业应实行相对稳健的会计制度模式，比如日本作为最早建立中小企业担保贷款制度的国家，担保机构会计制度的明显特点是在资产组合管理上强调资产的流动性，确保代位偿付的资金需求（巴曙松，2006）。德国的担保机构为经济界自助性的担保银行，其会计制度的最大特点是担保银行财务自求平衡（Berger and Udell，2008）。美国担保机构可以和保险公司混业经营，会计运作上实行的是权责制，即以事前承诺作为保证，要求企业的现金流量（而非利润水平）不仅能够偿还担保贷款，还能够偿还所有债务（Jose Lopezs，2011）。(2) 担保公司会计发展趋势研究。我国长期以来没有建立国家统一的担保机构会计核算办法，造成会计信息的不可比（徐惠珍，2007）。2005 年 11 月 9 日，财政部制定了《担保企业会计核算办法》，虽然具有专门化特性，但它仍然明显滞后于我国推行的新企业会计准则（肖海鹏，2012；任秉煦，2008）。2010 年 7 月 14 日财政部制定了《企业会计准则解释第 4 号》（下称《4 号解释》），规定担保公司应当执行企业会计准则，按照有关保险合同相关规定进行会计处理，它标志着我国担保行业会计改革有了实质性跨越和突破。(3) 担保准备金的研究。国外准备金提取全面，比如日本担保准备金包括责任准备金、求偿损失准备金和收支差额变动准备金。我国目前对于未到期责任准备金按照当年担保费收入的 50% 提取，这种方法不够准确，而且有"鞭打快牛"之嫌（李新芳等，2010）。对于担保赔偿准备金，目前制度规定应按不低于当年年末担保责任余额 1% 的比例提取，这种刚性的提取方法与担保公司风险的不确定性不相匹配，而且计提比例过高、规定过死，不利于确保担保企业的经营业绩，不利于其经营积累和资本实力的壮大（赵华等，2011）。(4) 担保公司监管研究。现有研究者认为，建立行业管理和监管机制是保障担保行业规范运营和防范风险的重要措施（徐爱水，2011；郭晶晶，2011），但目前监管主体多元化，让人眼花缭乱，这种复杂而混乱"多管齐下"的监管体系造成了"群龙治水"的尴尬局面，也阻碍了监管会计体系的早日建立（张吉光等，2010）。因此，应明确监管主体，建立完善的担保行业监管体系（何一峰等，2011）。

综合以上国内外研究现状可以得出以下结论：

(1) 国外担保公司会计理论研究相对成熟，但资料显示并没有专门针对担保行业通用的国际会计准则，各国会计制度各具特色。

(2) 目前我国担保会计理论研究尚处于"拓荒"阶段，专业文献稀少。现有研究成果认为，担保公司会计制度应向更专业化的领域发展，并定位于保险会计准则的体系框架下，但未提出实质性的对策，也很少涉及深层次的会计运作问题。

(3) 一个完整的担保公司会计体系不仅包括一般公认会计，而且还包括监管会计，现有研究成果虽然对担保公司监管的重要性已达到共识，但没有具体涉及监管会计。

二、研究意义

本书通过对现行会计准则背景下担保公司会计规范化和监管技术性研究，为担保行业会计准则的建立提供理论基础，为担保公司实务操作和担保监管部门进行监管提供运行模式，为政府部门完善政策性资金补偿机制提供有益参考，这不仅有利于提升我国对国际会计准则的影响力，加快我国微型金融企业国际化发展步伐，而且有利于推动担保行业会计规范化建设，保护被担保人、投资人及其他利益相关者的合法权益，防范、化解金融和财政风险，促进我国担保行业规范经营和稳定持续健康快速发展。

第二节 担保公司会计的发展沿革

我国担保业起步较晚，1993 年以前，我国还没有一家专业性的担保机构。由于我国的金融体制改革长期滞后，特别是担保机构在 1998 年以前还属于非银行金融机构，需要通过央行批准才能成立；而央行在 1993 年只批准一家担保机构，也是中国最早的专业担保机构——中国经济技术投资担保公司（中投保）作为试点后再也没批准新的担保机构。因此，担保机构在当时属稀缺资源，更谈不上担保会计理论的发展。1998 年央行解除了对设立担保机构的审批限制，政府还出台了对担保机构税收减免的扶持政策，国内担保机构出现了“井喷式”发展，现已超过 6000 家，担保会计理论开始引起各方面的重视，理论上逐步得到完善，并在实践中得到不断发展。总的来看，我国的担保会计发展历史上共经历了三个时期。

一、《企业会计制度》时期（1993—2005 年）

长期以来，我国没有建立国家统一的担保机构会计核算办法，各担保机构制定的核算办法差别较大，造成会计信息的不可比，不能准确反映担保业的整体状况，不利于担保业的风险控制和持续发展。2000 年 12 月 29 日财政部发布了《企业会计制度》，继而在 2001 年 11 月 27 日和 2004 年 4 月 27 日颁布了

《金融企业会计制度》和《小企业会计制度》，对不同企业的会计核算进行规范。虽然担保机构经营的是信用业务，但当时没有归入金融企业的范畴，所以不能实行《金融企业会计制度》；同时，担保机构的规模有大有小，统一实行《小企业会计制度》也是不合适的。所以，当时担保公司与一般企业一样实行《企业会计制度》，这虽然提高了不同企业之间会计信息质量的可比性，但对担保公司来说有许多不合理的地方，没有体现担保行业的特殊性，比如资产类的应收担保费、应收分担保账款、应收代偿款、存出保证金等担保资产的核算；负债类的预收担保费、存入保证金、应付分担保账款、未到期责任准备金、担保赔偿准备等担保负债的核算；所有者权益类的担保扶持基金、一般风险准备的核算；损益类的担保费收入、追偿收入、分担保费支出、担保赔偿支出的核算等，这些内容在企业会计制定中没有涉及，人们难以通过会计报表来认识担保机构的资产、负债、所有者权益，收入、费用等。

二、《担保企业会计核算办法》时期（2005—2010 年）

2005 年 11 月 9 日，财政部从规范担保业的会计核算，真实、完整地提供会计信息、控制担保风险出发，总结了我国担保机构会计核算的成功经验，充分考虑了我国担保业的特点，在《金融企业会计制度》的基础上，适时制定了《担保企业会计核算办法》。与其他企业执行的《企业会计制度》相比，《担保企业会计核算办法》（下称《办法》）主要有以下特点：

1. 将《办法》定位于《金融企业会计制度》体系内。担保业务是专门从事资金风险价值管理的衍生金融业务，担保业务风险的规律特点与金融业务风险的规律特点基本相同。所以，《办法》应当定位于《金融企业会计制度》体系内。

2. 《办法》充分反映了担保业务在风险控制环节的衍生金融特点，明确、详细地规定了保证金的存入、存出业务，对认识担保机构保证金性质，规范担保机构保证金的存入、存出业务意义十分重要。

3. 《办法》充分反映了担保业务的高风险特点，体现了“风险成本是担保机构的主要成本”规律性，详细地规定了担保机构的风险准备金制度，包括担保赔偿准备、未到期责任准备、一般风险准备、各种应收款的坏账准备、各类资产的减值准备等。

4. 《办法》遵循国际惯例做法，充分体现信用担保的准公共产品特点，在担保风险损失补贴、担保资本投入、担保扶持基金、代管担保基金、担保减免税等方面都作出了详细的规定。

5.《办法》充分反映了担保机构的收入特点，详细规定了各项收入的核算方法，包括担保费收入、评审费收入、手续费收入、利息收入、追偿收入等，对指导担保机构科学合理地进行担保业务定价具有十分重要的意义。

6.《办法》在现有会计基本制度体系下，充分反映担保业务的或有性。尽管没有将担保业务纳入表内核算，但在表外设计了“担保余额变动表”和会计报表附注中的“资产负债表表外项目”，以便信息使用者能充分了解企业担保业务规模，衡量其所承担的业务风险。

7.《办法》对反映担保业务的基本指标做出了明确的内涵定义和外延描述，这对统一担保行业信息标准、制定担保行业监管考核办法奠定了重要的基础。

三、《企业会计准则》时期（2010 年至今）

2006 年 2 月 15 日，财政部发布了包括 1 项基本准则和 38 项具体会计准则在内的企业会计准则体系，并第一次确认了有关金融企业的会计准则，它共有八项，占了整个会计准则的将近五分之一，它包括专门针对保险行业的会计准则，但是没有规范担保行业的会计准则。为了深入贯彻实施企业会计准则，实现会计准则持续趋同和等效，2010 年 7 月 14 日财政部制定了《企业会计准则解释第 4 号》（下称《4 号解释》），规定融资性担保公司应当执行企业会计准则，并按照《企业会计准则——应用指南》有关保险公司财务报表格式规定，结合公司实际情况，编制财务报表并对外披露相关信息，不再执行《担保企业会计核算办法》（财会［2005］17 号）。融资性担保公司发生的担保业务，应当按照《企业会计准则第 25 号——原保险合同》、《企业会计准则第 26 号——再保险合同》、《保险合同相关会计处理规定》（财会［2009］15 号）等有关保险合同的相关规定进行会计处理。担保公司会计改革有了实质性的突破，具体体现在以下几个方面：

1. 改变了会计制度名称。2010 年 3 月 8 日，财政部、国家发展和改革委员会等七个部门联合发布了《融资性担保公司管理暂行办法》（以下简称《暂行办法》），将担保公司定义于依法设立、经营融资性担保业务的有限责任公司和股份有限公司。《4 号解释》考虑到目前担保企业都已是公司制企业，因此将担保企业更名为担保公司，这样更加符合我国担保公司实际情况。

2. 推动了担保公司公司会计核算的国际趋同和等效。国际会计准则理事会（IASB）自1973年成立以来，一直致力于建立一套全球通用的会计准则——国际财务报告准则（IFRS）。中国会计准则与国际财务报告准则趋同是我国经济发展战略的重要组成部分。《4号解释》的颁布，推动了与国际会计准则趋同，这有助于提升我国对国际会计准则的影响力，加快我国担保业国际化发展步伐，促进我国经济金融发展战略实施。

3. 将担保公司公司会计处理定位于保险公司会计体系内。担保行业业务特点和金融行业相比，更类似于保险行业。它们都是以特定风险的存在为前提，以集合大量风险单位为条件，以大数法则为数理基础进行代偿或赔付，其经营活动都具有不确定性和分散性，担保费率的计算、责任准备金的提取、成本发生的顺序、再担保的运行机制和保险行业基本相同。因此，将担保公司会计处理定位于保险公司会计制度的框架下，充分反映了担保业务的风险特点，这对引导人们运用现代保险会计理论，去认识担保业务规律、研究控制担保风险的方法具有十分重要的意义。

第三节 担保业的主要特征

担保是指担保人与银行业金融机构等债权人约定，当被担保人不履行对债权人负有的融资性债务时，由担保人依法承担合同约定的担保责任的行为。担保公司是指依法设立，经营融资性担保业务的有限责任公司和股份有限公司。担保公司经营的是信用，管理的是风险，承担的是责任，研究担保公司会计问题，除了对一般会计理论体系要有充分认识外，最重要的是要了解担保行业业务性质的特殊性。担保行业的特殊性主要表现在以下几个方面：

1. 担保产品的无形性

对于一般制造业，经营的是一种商品，其物质实体是有形的，而对于担保业，担保经营以特定风险的存在为前提，以集合大量风险单位为条件，以大数法则为数理基础进行代偿，担保经营者在经营中实际充当了风险集散的媒介。担保公司在投保人交纳保费以后，经核保后以出具保单作为同意承担风险的书面证明，保单承诺若被担保人在保单生效后不履行对债权人负有的融资性债务时，担保公司负有代偿的责任。可见，担保公司向投保人出售的是一纸对投保人未来不能按合同约定履行义务时代其履行代偿义务的信用承诺，担保商品是无形商品。由于其经营对象比较抽象，经营产品本身就是风险，因此担保公司自身分享风险显得较为突出。

2. 金融性

担保公司是从事风险管理、出售信用产品的专业机构，信用是金融的本质。所以，担保业务的实质是一种金融业务。融资性担保作为一种经济活动，通过外部担保和增信，体现出信用放大和财务杠杆的作用，从而影响社会资金的流向和大小，使资金流向收益较高、风险较低的地方，充分体现了金融体系的基本功能——资金配置和风险配置。

按照《暂行办法》规定，融资性担保公司经监管部门批准，可以经营贷款担保、票据承兑担保、贸易融资担保、项目融资担保、信用证担保等部分或全部融资性担保业务。经监管部门批准，可以兼营下列部分或全部业务：诉讼保全担保、投标担保、预付款担保、工程履约担保、尾付款如约偿付担保等履约担保业务、与担保业务有关的融资咨询、财务顾问等中介服务、以自有资金进行投资和监管部门规定的其他业务。

3. 中介性

担保公司处于被担保人和担保受益人的中间环节，被担保人不是一个企业或几个企业，而是一个群体。担保受益人绝大部分是银行和金融机构，也有自然人或机构投资者。因而，担保公司具有公共保证人特点。

4. 或有性

担保业务实质是一种期权互换，因此，或有事项是担保会计的主要核算对象。这种或有事项是由于担保公司提供担保事项而形成的，其结果具有较大不确定性，必须通过未来担保到期发生代偿或解除担保予以证实。

5. 风险性

一方面，担保业务的风险发生机制具有较强不确定性。由于担保项目的金额、期限各异，反担保措施的落实程度千差万别，担保项目的离散性很大，很难精确地计算出合适的担保费率以维持业务需求与保本盈利之间的平衡。另一方面，由于担保业务面临来自被担保人、担保公司自身、金融机构以及法律、政策等几个方面的风险，其中任何一个方面发生问题，担保机构都将直接承担责任风险，高杠杆的经营特征决定了行业本身具有较高风险，同金融机构的密切联系则使得融资担保风险极易转化为金融风险，并可能最终转化为财政风险，这就对担保公司风险管控能力提出了很高的要求。

6. 社会公共性

担保产品属于准公共产品，由于担保业务的高风险性，担保资金投入需要政府资金引导，社会资金参与；担保代偿损失需要政府补偿并享受减免税的优惠。没有政府支持的财力支撑体系，规模化的担保体系是很难形成的。

7. 担保成本发生与收入补偿的顺序与一般行业相反

对于一般制造业，成本发生在前，产品定价在后，利润是售价与成本相抵的结果，而担保公司业务属于远期交易，收入实现在即期，风险成本在远期，因为担保公司不可能等到将来发生担保代偿责任后才决定保单售价，必须预先设定一个保单价格作为保单销售的依据，因此，担保行业在计算利润时需要采用特殊的程序、方法和假设，具有较强的预计性。

8. 担保资金运动形态表现为货币资金的收付

担保公司是经营担保业务的专门企业，其基本职能是组织代偿。因此，它不同于工商企业，是不从事直接生产和商品流通的。其业务活动，表现为货币资金的收付活动。一方面通过开展各种担保业务以收取担保费的方式从各个方面吸收大量的货币资金；另一方面通过代偿以及开支各项费用付出大量的货币资金，并通过货币资金的收付过程来实现担保公司自身的利润。由此可见，担保会计的对象，是担保公司资金运动过程中的收付及其增减变动情况。大量的现金流转是担保业的一大特色。

第四节
担保公司会计信息使用者

会计是一种经济工作，是一种为经济管理服务的社会实践，它除了记账、算账、报账以外，更重要的是提供对决策有用的信息，因此，担保会计的本质是一种管理活动，其目的是提供会计信息，从某种意义上讲，它又是一个信息系统。

那么，谁需要了解会计信息？对于担保业，它包括以下五个方面：

1. 投资者或股东

投资者也是公司的所有者，对于股份制公司称为股东。投资的目的在于获得未来收益和资本利得。因此投资者或股东最关心的是在可预见的未来公司的股利分配水平和资本增值能力。

2. 监管部门

由于担保公司的特殊性，各国政府均对其实行严格的监督与管理，以保证担保公司有足够的偿付能力。即保证担保公司有足够的、能迅速变现的资产，以便在需要时予以支付代偿与赔付。

3. 投保人

投保人既是保单持有者，又是担保公司的主要债权人。基于对担保公司未来代偿能力的关心，他们在选择担保公司时非常重视担保公司获取利润和现金的能力和流动性以及偿付能力。他们需要建立信心，相信该公司能够支付代偿金。由于缺乏必要的专业知识，也出于成本效益的考虑，投保人一般通过担保中介机构——经纪人公司的推荐选择担保公司。而担保经纪人公司正是通过评估担保公司的财务状况，为投保人提出建议。

4. 经营管理当局

管理者的主要职能是计划与决策。为了很好地经营公司，管理者需要了解及时、准确的信息，从而掌握公司的经营活动、经营绩效、财务状况及其变化情况，以便根据市场的变化不断调整公司的经营活动，研究开发适应市场需要的新的担保产品，努力提高公司经营管理水平和经济效益，增强公司自我积累、自我改造、自我发展的能力，进而在公众面前树立公司良好的社会形象，推动公司经营战略的实施。

5. 政府及税务机关

政府部门可能会利用报表披露的信息进行统计分析。公司所缴纳的税额通常也以报表所列的利润为依据。然而，在大多数国家，公司的税负并不是完全以年报公开的利润为依据的，而是有一套专门为纳税目的设计并由政府部门批准的核算体系。

此外，担保公司的信息使用者还包括政府的其他管理部门，如担保业评级机构、担保经纪人、担保代理人、担保同业协会等。他们出于不同的需要也关注担保公司信息的披露情况。

第二章

担保公司会计理论框架

第一节 问题的提出

建立行业管理和监管机制是保障担保行业规范运营和防范风险的重要措施。在银行、保险、证券等金融行业中，都有相应的行业管理规则和监管机构，这些监管机构的重要作用是防范金融风险。担保公司作为从事高风险的行业，由于担保机构受理的企业是达不到银行反担保条件、银行无法规避风险的客户群，故担保公司面临的风险要远高于银行正常贷款的风险。目前我国对担保公司的监管总体上由中国银行业监督管理委员会等多部门组成的部际联席会议负责，而省级以下担保公司的监管主体则由所属省级人民政府自行确定。从各省的情况看，担保公司的监管主体有的是各级政府金融办公室，有的是工业和信息化部门，还有的是发展和改革委员会，而由地方财政出资组建的担保公司又多与财政部门存在监管与被监管关系。由此可见，这种复杂而混乱“多管齐下”的监管体系造成了“群龙治水”的尴尬局面，也制约了监管会计体系的建立。目前我国尚未建立独立的担保行业监管会计体系，而会计规定与监管规定相分离，是世界各主要国家或者地区金融行业的潮流所向。为了同时满足会计目标和监管目标的要求，既在财务报告层面确保会计信息透明度，又在监管信息层面提出有关约束指标与条件，确保风险可控与审慎经营，从而有效协调会计与监管之间的关系。因此，建立担保行业监管会计体系乃适时之策、顺势之举。担保行业会计应采取双重规范、双重报告的模式，具体可分两个层次：一是一般公认会计；二是监管（法定）会计。

第二节
一般公认会计

1937 年美国会计程序委员会（CAP）发表第 1 号“会计研究公报”，首次提出了由政府机关或职业组织颁布“一般公认会计原则”（Generally Accepted Accounting Principles，简称 GAAP）。一般公认会计适用于各个不同行业的企业，包括从会计的基本概念、会计要素、基本假设等基本原理到具体的会计记录和编制财务报表的程序和方法，其主要目的在于向一般非特定会计信息使用者提供真实、公允的信息。

一、担保公司会计要素

（一）资产

担保公司的资产是指公司过去的交易或事项形成的、由公司拥有或者控制的、预期会给公司带来经济利益的资源。担保公司资产作为一种经济资源，它包括货币资金、财产、债权和其他权利。

对于制造业，主要从事商品生产和流通，原材料、在产品、产成品以及批发零售商业的购进商品等存货占了很大比重，资产以经营性资产为主。而担保业因担保产品是无形的信用承诺，故存货项目较少，而且担保公司收到投保人缴纳的保费后，为了实现在一定期限内滞留在担保公司内的资金的保值、增值，绝大部分要运用于投资方面，故以各种债券和上市股票为主的有价证券、不动产、贷款等投资资产占总资产的比重较大。《暂行办法》规定担保公司可以自有资金进行投资，限于国债、金融债券及大型企业债务融资工具等信用等级较高的固定收益类金融产品，以及不存在利益冲突且总额不高于净资产 20% 的其他投资。

（二）负债

负债是指公司由过去的交易或者事项形成的、预期会导致经济利益流出公司的现时义务。现时义务是指公司在现行条件下已承担的义务。未来发生的交易或者事项形成的义务，不属于现时义务，不应当确认为负债。从负债的定义可以看出，负债所代表的是公司由于其过去的交易或事项所形成的现时义务。

对于担保业，经营的对象不是商品，而是保单，保单一经签发就具有法律效力，一旦被担保人不履行对债权人负有的融资性债务时，担保公司负有代偿的义务。因此，担保业务实质上是对担保契约承担的一种将来偿付责任。对于担保行业，负债项目较一般会计重要。

对于制造业，其负债主要表现为借款和应付项目。对于担保业，负债中占比例最大的是各种责任准备金。因为保单出单日不一定在每年年初，所以经常会产生担保期限跨越会计年度的现象。虽然担保费在出单时已经入账，但按照权责发生制原则应把不属于当期的担保费以未到期责任准备金的形式提存出来，从当年收入中扣抵，作为该年度利润表的费用与资产负债表的负债列示，在下年度再转回作为真正担保费收入，来承担跨年度的担保责任。另外，担保公司在承担保证责任的过程中，常常会由于担保风险的出现而造成担保公司的流出或负债的增加，这种风险的出现往往滞后于担保收入的确认，且在时间上和数额上难以预见，如果等到风险发生时一次性计入损益，有可能造成损益的大幅度波动。因此按照谨慎性原则，有必要在收入确认的当期，预先从费用中提取的一定担保赔偿准备金，作为未来担保风险损失的支出来源。

负债按偿还期限的长短可分为流动负债和非流动负债。

流动负债是指预计在一个正常营业周期中清偿、或者主要为交易目的而持有、或者自资产负债表日起一年内（含一年）到期应予以清偿，或者公司无权自主地将清偿推迟至资产负债表日后一年以上的负债。担保公司流动负债包括短期借款、存入保证金、拆入资金、应付利息、应付股利、应付手续费及佣金、预收保费、应付分保账款、预收赔付款、担保赔偿准备金、卖出回购金融资产款、应付职工薪酬、应交税费等。

非流动负债是指流动负债以外的负债，包括长期借款、应付债券、长期应付款等。

（三）所有者权益

所有者权益是指公司资产扣除负债后由所有者享有的剩余权益。对于公司来说，其所有者权益又称为股东权益。所有者权益体现公司投资者对净资产的所有权，它是公司生存和持续发展的基础，也是公司举借负债的基础保证。通常由股本（或实收资本）、资本公积（含资本溢价或者股本溢价、其他资本公积）、担保扶持基金、盈余公积、一般风险准备和未分配利润组成。

为了规范经营，《暂行办法》对担保机构设立了准入门槛，规定注册资本的最低限额不得低于人民币500万元。注册资本为实缴货币资本。

为了防范可能出现的经营风险，担保公司在提足各项责任准备金的基础上，在向投资者分配利润之前，经担保公司董事会或主管财政机关批准，按一定比例从税后利润中提取一般风险准备金，用于弥补特大代偿发生的亏损等。一般风险准备金必须专款专用，不得用于转增资本和向投资者分红。另外，由于担保业务的高风险性，要求实行充分的财政补偿制度，需要设置不需偿还的担保扶持基金，反映政府政策性扶持的基金。担保经营的风险性要求设置一般风险准备和担保扶持基金项目，这也是制造行业没有的。

（四）收入

收入是指公司在日常活动中形成的、会导致所有者权益增加的、与所有者投入资本无关的经济利益的总流入。对于担保公司而言，收入是指公司在销售保单、提供服务及让渡资产使用权等日常活动中所形成的经济利益的总流入，包括担保业务收入和其他业务收入。收入不包括为第三方或者客户代收的款项。

担保公司的收入主要来源于担保费收入。担保费收入很大程度上并非会计意义上的收入，其性质是介于负债与收入之间。也就是说，担保公司向保户收取的担保费并不是真正的收入，有很大一部分要以责任准备金的形式提存出来，将来随时要向保户支付，是对保户的一项负债。因此，担保费收入增加的同时也增加了担保负债。收取担保费时担保服务尚待开始，此时为担保人的负债而非收入，承保后继续提供服务，担保费开始由负债转为收入。

（五）成本和费用

费用是指公司在日常活动中发生的、会导致所有者权益减少的、与向所有者分配利润无关的经济利益的总流出。成本是对象化了的费用。对于担保公司而言，成本是指公司为销售某一担保产品而发生各种耗费。费用是指公司某一会计期间为销售保单、提供服务等日常活动经济利益的流出。由此可见，担保成本是以担保产品为归集对象，而担保费用是以会计期间为归集对象。

按照财务制度规定，公司在业务经营过程中发生的与业务经营有关的支出，包括赔付支出、退保金、业务及管理费、手续费及佣金支出、分保业务支出、提取责任准备金以及其他有关支出，按规定计入成本和费用，属于当期的直接计入当期费用。

由于担保费率的确定按收支相抵的原则，是对未来发生担保事故的一种成本预测，因此，定价成本是一种预计成本亦即事前成本，同时，由于发生担保责任造成的代偿是事后成本亦即实际成本。担保会计成本核算存在两套不同的成本体系，即预计成本体系和实际成本体系。预计成本体系建立在经验数据的基础上，以现在对将来的期望值作为计算基础；实际成本体系是以发生担保责任后所支出的担保赔付为核算基础，是检验保单定价是否合理的重要数据来源。保单预计成本和实际成本的差异形成了担保公司的利润。这也是与一般制造业不同之处，因为，对于一般制造业，利润是售价与成本相抵的结果。

（六）利润

利润是指公司在一定会计期间的经营成果，它是各项收入抵补各项支出后所获得的最后成果。如果收入大于支出即为利润；反之，即为亏损。利润包括收入减去费用后的净额、直接计入当期利润的利得和损失等。

与一般行业比较，担保行业利润有明显的财务特征，这主要体现在以下四个方面：

1. 担保行业利润有较强的预计性

与一般企业正好相反，担保行业收取担保费在前，成本支出在后，这期间需要专门的方法与大量的职业判断进行确认和计量，因此，预计性在担保行业利润中扮演着举足轻重的角色。担保行业利润对担保公司来说尽管还是一个会计概念，在利润表上表现为收入与费用、支出的差额，但是，担保行业利润同时又是一个估计概念，收入与费用、支出的后面还要扣除提取的责任准备金。而责任准备金的计量需要运用大量的假设、经验数据和贴现率，由于估计方法的局限性与担保监管当局谨慎性要求的影响，责任准备金的估计值与实际值常有较大偏差。因此，担保会计中确认利润时，人为色彩更加浓厚。

2. 利润实现有较强的滞后性

对于担保期限在一年以上长期担保合同，在收入补偿与发生成本之间存在较长的时间差，利润的实现具有较强的滞后性。原则上，在一份保单终止效力以前，担保公司是无法计算这份保单所带来的真实利润。可见，对担保行业利润的考核仅限于一个会计年度或承保年度是不能真实充分地评价担保行业的经营绩效的。只有在历史时期分析的基础上把握利润变动的周期规律，才能准确分析担保行业的承保业绩和利润趋势。

3. 担保行业利润有一定的射幸性

担保业经营的是或有事项，其结果具有较大偶然性和不确定性。担保常脱离于整个经济系统之外，更多受自然或人为因素影响，其利润或亏损的波动也脱离宏观经济周期的变化；即使有大数法则在起作用，担保利润的高低仍然有一定的射幸性，重大责任对担保经营稳定性起决定性作用，导致担保行业利润周期的振幅很大，远远超过其他行业的波动程度，有时一个重大代偿的发生，使担保公司追求利润的不懈努力全部化为乌有，最后有可能因巨额亏损而导致破产。

4. 大数法则在利润实现中发挥重要作用

担保行业利润，并非按个别业务计算汇总而成，而是根据总体业务计算而成，这是依据大数法则经营的必然结果。就某个别业务来说，担保公司有可能亏损，但如果承保的业务量达到一定规模，风险的不确定性就会减小，就总体业务而言，会逐渐产生利润。

二、担保公司会计要素的确认和计量

和其他行业相同，担保公司会计应当以权责发生制为确认基础。权责发生制基础又称应收应付制，它是以会计期间来确认收入和费用的归属期。即凡是当期已经实现的收入和已经发生或应当负担的费用，不论款项是否收付，都应当作为当期的收入和费用；凡是不属于当期的收入和费用，即使款项已在当期收付，也不应当作为当期的收入和费用。比如某担保公司保单已经签订，担保合同已经生效，但保费尚未收到，按权责发生制，应作为当期担保费收入。

会计要素计量属性包括历史成本、重置成本、可变现净值、现值和公允价值，目前担保公司主要采用历史成本计量。担保业务实质是一种期权互换，或有事项是担保会计的主要核算对象，特别是担保责任准备金具有不确定性和未来性等特征，因此，担保行业应借鉴国际惯例，引入公允价值计量属性。特别是因为近几年来我国金融创新业务大量出现，很大程度上影响到公司的经济活动。如果不采用公允价值计量，就会使很多与金融工具有关的资产和负债不能很好地在财务报告中得到正确反映，从而影响会计信息的相关性和可比性。而用公允价值计量则能较好地反映其市场价值，避免历史成本等其他计量模式不能正确反映其市场价值的弊端，符合目前的风险管理惯例，有利于提高会计信息的质量。同时以公允价值作为金融工具的计量属性有利于把金融工具从表外移入表内核算并对外披露。公允价值计量使会计记录由静态转为动态，从而能更客观地反映公司真实的财务状况和经营成果。

公允价值（Fair Value）是指市场参与者在计量日发生的有序交易中，出售一项资产所能收到或转移一项负债所需支付的价格①。市场参与者是相互独立、熟悉交易情况、有能力并自愿进行资产或负债交易的买方和卖方。关联方通常不能视为市场参与者。计量日的引入突出了公允价值的动态性，由于资产、负债价值的波动性，计量结果必须和特定时点联系在一起。有序交易，是指在计量日前一段时期内相关资产或负债具有惯常市场活动的交易。清算等被迫交易不属于有序交易。有序交易突出了市场导向，而非交易主体或交易自身导向。

值得一提的是，2008 年席卷全球的国际金融危机，作为预防金融风险利器的公允价值会计准则，在此轮金融危机中被指责为“雪上加霜”甚至“落井下石”的“帮凶”。面对飞速直下的股价，许多公司抱怨根据现行会计准则，需要将市场价格迅速下降的资产价格反映在财务报告中，导致与抵押有关的证券资产巨额减计，在某种程度上加剧或放大了金融危机。因此，金融危机影响下的国际会计准则理事会，如何重新审视公允价值计量或者市值计价方法成为各方关注的焦点。

三、担保公司会计假设

会计假设是会计人员对会计核算所处的变化不定、错综复杂的经济环境作出的合乎情理的判断，是会计核算的基础。担保公司会计假设包括四个方面：会计主体、持续经营、会计分期、货币计量。

① 2014 年 1 月 26 日财政部发布了《企业会计准则第 39 号——公允价值计量》，自 2014 年 7 月 1 日实施，它标志着会计界对公允价值的研究日趋成熟，使相关会计处理有了指导性的操作规范。

（一）会计主体

会计主体或称会计个体，是指会计工作为其服务的特定单位或组织。它规定了会计工作的空间范围。会计主体假设要求在会计核算中应区别于本公司经济活动和其他企业或个人的经济活动的界限，不要将其他企业或个人的经济活动纳入本公司会计核算的范围。只有通过对经济业务正确的区别和判定，才能把握会计核算的立场，才能正确地反映本公司会计主体的财务状况和经营成果，才能提供正确的会计信息。

会计主体不同于法律主体。法律主体往往都是会计主体。但会计主体不一定是法律主体。作为会计主体，它可以是一个子公司，或者是一个子公司的分支机构，或者是若干个子公司组成的母公司或集团公司。

（二）持续经营

持续经营是指会计主体的经营活动将按照现在的形式和既定的目标无限期地继续下去，在可预见的未来不会清算。它规定了会计工作的时间范围。它要求会计人员在进行会计核算时应当以公司持续、正常的经营活动为前提。

在持续经营假设下，公司所持有的资产，将按预定的目的在正常的经营过程中被耗用、出售或转让；它所承担的债务，也将在正常的经营过程中清偿。可以说，会计核算上所使用的一系列会计原则和会计处理方法都是建立在持续经营前提的基础上的。当然，任何公司都可能破产、解散，公司一旦进行清算，持续经营假设就不能成立，就要实行清算会计。

（三）会计分期

会计分期又称会计期间，它是指连续不断的经营过程可以被划分为相等的时间单位，以便对公司的经营状况进行及时、连续的反映。会计分期基本前提的确立，使公司会计核算定期结账；定期提供会计报表，及时向信息的使用者提供会计信息。我国担保公司一般采用历年制，即以日历年度作为会计年度，会计期间分为年度、半年度、季度和月份，起讫日期采用公历日期。

（四）货币计量

货币计量是指公司在会计确认、计量和报告过程中采用货币作为计量单位，记录和反映公司的经营情况。

在货币计量假设下，担保公司会计核算以人民币为记账本位币，公司的经营活动一律通过人民币核算反映。以外币为主的外资公司，可按规定以某种外币为记账本位币，但在编制和提供会计报表时应当折合为人民币。我国在境外设立的公司在向国内报送会计报表时，应当折合为人民币。

货币计量是以货币价值不变，币值稳定为条件，因为只有币值相对稳定，在不同时间内所进行的确认和计量的价值才具有可比性和可延续性，才能正确地确定公司的经营成果，反映公司的财务状况。但遇到恶性通货膨胀，物价大幅度上涨，这一假设不再成立，应该对该假设的运用进行一定的修正，实行通货膨胀会计。特别是持续时间长的长期保单来说，币值不变假设的局限性较为明显，因此，在计提各种长期责任准备金确定贴现率时应考虑通货膨胀因素。

四、担保公司会计科目设计

为了保证会计核算指标的口径一致，便于会计指标的对比和汇总，公司应按企业会计准则的规定设置会计科目，以保证会计科目的统一性。但是，公司在不违反会计准则中确认、计量和报告规定的前提下，可以根据本公司的实际情况自行增设、分拆、合并会计科目。公司不存在的交易或者事项，可不设置相关会计科目。

担保公司会计科目表如表 2－1 所示。

表 2－1　　会计科目表

顺序号	编号	会计科目名称
		一、资产类
1	1001	库存现金
2	1002	银行存款
3	1031	存出保证金
4	1101	交易性金融资产
5	1111	买入返售金融资产
6	1122	应收保费
7	1123	预付赔付款
8	1124	预付分出保费
9	1131	应收股利

续表

10	1132	应收利息
11	1201	应收代位追偿款
12	1211	应收分保账款
13	1212	应收分保合同准备金
14	1221	其他应收款
15	1231	坏账准备
16	1302	拆出资金
17	1303	贷款
18	1304	贷款损失准备
19	1411	低值易耗品
20	1412	低值易耗品跌价准备
21	1441	抵债资产
22	1442	抵债资产跌价准备
23	1451	损余物资
24	1452	损余物资跌价准备
25	1501	持有至到期投资
26	1502	持有至到期投资减值准备
27	1503	可供出售金融资产
28	1511	长期股权投资
29	1512	长期股权投资减值准备
30	1521	投资性房地产
31	1522	投资性房地产减值准备
32	1531	长期应收款
33	1541	存出资本保证金
34	1601	固定资产
35	1602	累计折旧
36	1603	固定资产减值准备
37	1604	在建工程
38	1605	在建工程减值准备
39	1606	固定资产清理
40	1701	无形资产

续表

41	1702	累计摊销
42	1703	无形资产减值准备
43	1801	长期待摊费用
44	1811	递延所得税资产
45	1901	待处理财产损溢
		二、负债类
46	2001	短期借款
47	2002	存入保证金
48	2003	拆入资金
49	2101	交易性金融负债
50	2111	卖出回购金融资产款
51	2201	应付赔付款
52	2202	应付手续费及佣金
53	2203	预收保费
54	2204	预收赔付款
55	2211	应付职工薪酬
56	2221	应交税费
57	2231	应付利息
58	2232	应付股利
59	2241	其他应付款
60	2261	应付分保账款
61	2314	代理业务负债
62	2401	递延收益
63	2501	长期借款
64	2502	应付债券
65	2601	未到期责任准备金
66	2602	担保赔偿准备金
67	2701	长期应付款
68	2702	未确认融资费用
69	2801	预计负债
70	2901	递延所得税负债

续表

		三、共同类
71	3002	货币兑换
72	3101	衍生工具
73	3201	套期工具
74	3202	被套期项目
		四、所有者权益类
75	4001	实收资本
76	4002	资本公积
77	4003	担保扶持基金
78	4101	盈余公积
79	4102	一般风险准备
80	4103	本年利润
81	4104	利润分配
82	4201	库存股
83	4401	其他权益工具
		五、损益类
84	6011	利息收入
85	6031	保费收入
86	6051	其他业务收入
87	6061	汇兑损益
88	6101	公允价值变动损益
89	6111	投资收益
90	6201	摊回担保赔偿准备金
91	6202	摊回赔付支出
92	6203	摊回分保费用
93	6301	营业外收入
94	6402	其他业务成本
95	6403	营业税金及附加
96	6411	利息支出
97	6421	手续费及佣金支出
98	6501	提取未到期责任准备金

续表

99	6502	提取担保赔偿准备金
100	6511	赔付支出
101	6531	退保金
102	6541	分出保费
103	6542	分保费用
104	6601	业务及管理费
105	6701	资产减值损失
106	6711	营业外支出
107	6801	所得税费用
108	6901	以前年度损益调整

第三节 监管会计

一、监管会计的构建思路

担保公司是经营风险的特殊行业，一方面，它本身属于一种负债经营，对客户群体背负大量负债，这决定了担保会计具有鲜明的法定特点，必须接受严密的监理；另一方面，担保行业经营的特殊性，造成会计核算与一般行业的差异，担保公司和保单持有人双方信息不对称等原因，也决定担保监管的另一个重要目的是为了维护保单持有人的利益。一般来讲，担保监管是政府机关经法律授权依法执行的，担保监管部门对担保公司监管的核心是偿付能力。因此，监管会计（Statutory Accounting）主要服务于担保监管部门，主要为保证保单持有人利益而监控担保公司代偿能力的需要。其构建思路如下：

（一）以风险管控作为主要动因

担保业务的风险发生机制具有较强的不确定性。由于担保项目的金额、期限各异，反担保措施的落实程度千差万别，担保项目的离散性很大，很难精确地计算出合适的担保费率以维持业务需求与保本盈利之间的平衡。另外，由于担保业务面临来自被担保人、担保公司自身、金融机构以及法律、政策等几个方面风险的集合，其中任何一个方面发生问题，担保机构都将直接承担责任风险，高杠杆的经营特征决定了行业本身具有较高风险，建立监管会计始终应贯彻以风险为基础的监管思路。

（二）以代偿能力作为监管核心

担保业务实质上是对担保契约承担的一种将来偿付责任，代偿能力是维护被担保人利益的基本保证，也是担保公司赖以生存并维持持续经营的重要条件，是担保公司能否健康稳定发展的重要标志，是担保公司的“生命线”。所以，建立监管会计应以代偿能力作为核心内容。

（三）以准清算假设作为会计前提

一般公认会计采用持续经营假设，监管会计则排除持续经营理念，虚拟停业清算，采用准清算假设，它侧重于保证担保公司能够履行当前的与未来的义务。它假设担保公司现在就能够以其现有资产偿付其现在及未来的债务，它对资产的计价侧重于现在的变现能力，对准备金的提取更为保守和稳健。对持续经营假设的不同理解与运用是导致公认会计原则下的担保会计与担保监管会计分离的重要原因。例如，监管会计计提准备金所用的假设比公认会计原则中所用的假设苛刻，计算出来的结果自然而然相对较高。

（四）以认可资产作为评价标准

一般公认会计资产评价标准为全部资产，监管会计资产评价标准仅为认可资产。认可资产也可称为可接受资产，即监管机构接受的，具有高度流动性和可确定性，需代偿时在短时期内变现的资产。认可资产必须符合以下两个标准：第一，流动性，即认可资产必须易于在短时间内变现；第二，确定性，即当需用于代偿时，认可资产必须能够以其账面价值变现。担保公司被依法冻结的资产、为他人担保而被质押的投资资产、办公设备、账龄大于 12 个月的应收保费、逾期 3 个月的应收利息、账龄大于 6 个月的应收分保账款等不能作为认可资产。

（五）以联合发生制作为会计基础

一般公认会计以权责发生制作为会计基础，按照会计期间来确认收入和费用的归属期，对收入和费用进行严格的配比，为兼顾不同会计信息使用者各方面的要求，在资产负债表、利润表、现金流量表之间取得一个平衡，任何一张报表都不能偏废。但担保公司业务属于远期交易，成本发生与收入补偿的顺序与一般行业相反，收入实现在即期，风险成本在远期，担保公司这种独特的"先收费再服务"的逆向经营模式对权责发生制提出了挑战。如果采用权责发生制，在代偿偏离损失期望的情况下就会造成高估收益，引发超额分配，危及担保公司的代偿能力与持续经营能力。因此，监管会计应采用比较保守的确认方法，平时采用收付实现制，期末回归到权责发生制，计算的利润要比一般公认会计要低，它侧重于资产负债表，现金流量表占有至尊的地位。

二、建立担保公司监管会计应注意的问题

（一）统一监管主体

担保业务往来与银行有千丝万缕的联系，但业务特点类似于保险行业中的保证保险，在国外比如美国，担保机构可以和保险公司混业经营，2010 年 7 月 14 日我国财政部制定的《4 号解释》将担保公司会计处理定位于保险公司会计制度的框架下，要求担保公司应当按照保险合同会计准则相关规定进行会计处理，彰显了担保业务与保险业务的同质性。因此，建议担保公司的监管总体上由中国保险监督管理委员会负责，省级以下担保公司由各地保险监督局负责，这样既可运用保险行业成熟的监管经验，又可以切断担保和银行的"脐带"关系，借第三方"慧眼"实行有效监管。

（二）健全监管法规

1995 年我国制定了第一部《中华人民共和国担保法》，对保证、质押、抵押、留置、定金等进行明确规范，但它没有涉及对担保公司的监管，而且通过近二十年的发展，这部法律条已经远远不能适应我国目前担保公司发展现状。现行的《暂行办法》虽然对担保公司的设立、业务范围、经营规则、风险控制、监督管理、法律责任进行了规范，但只是一个原则性规定，没有具体的实

施细则，也没有上升到法律的高度。为此，我国法律部门应在现有的担保法基础上，尽快制定新担保法，增加有关担保公司监管的相关条款，明确规定担保公司需向监管部门报送监管财务报表，并设立具体的监管指标，明确各项指标的内涵描述及取值范围，根据指标的完成情况，明确监管措施，实行分类监管。

（三）加强对会计准则发展动态的实时跟踪

现行会计准则的变化导致担保公司产生了许多调整事项，因此，在监管会计的构建中，监管部门在遵循监管会计基本原则的同时，应使监管会计的设计尽可能与会计准则协调。比如，担保公司资产和负债引入公允价值的计量，有关资产和负债的认可价值也应该也与公允价值挂钩。按照《企业会计准则解释第3号》规定，企业应当在利润表"每股收益"项下增列"其他综合收益"项目和"综合收益总额"项目，监管报表编报规则应与之相适应。总之，担保公司应全面深入研究新会计准则发展的背景，做到吃透本质、掌握精髓，在此基础上，研究制定适合我国国情的监管会计制度。

第四节 担保公司会计运行模式

一、合二为一模式

该种模式融合一般公认会计和监管会计的要求专门制定一套适合担保行业特有的会计处理规则，其优点为运行成本低、节省人力资源，但由于监管会计和一般公认会计在服务对象、动因、侧重点、会计前提、评价标准、会计基础等方面区别较大，强行将两者糅进一套体系中，难以同时兼顾，给实务操作带来难度，其最终运行结果必然两者之中有所偏废。

二、双重规范模式

该种模式要求监管部门规定一套专属监管需要的法定会计规则，担保公司在日常会计操作时，一般公认会计和监管会计两套规则同时运行，两者并行不悖，互不干扰。这种模式虽然在理论上具有可行性，但从成本效益的原则考虑，运行成本较高，浪费人力资源。

三、主辅相成模式

该种模式要求担保公司在日常会计处理时按照一般公认会计原则运行，只是在会计期末按照监管会计要求对一般公认会计结果进行调整，按照调整后的结果编制特定的监管报表。监管会计和一般公认会计虽有差别，但有些矛盾并不是难以调和的。严格来说，监管会计并不是一种完全意义上的会计规则，它可以对一般公认会计的结果按监管会计的要求进一步加工，形成一套特有的监管会计规则。这种模式较好地解决了监管会计和一般公认会计的不同要求与运行成本之间的矛盾，在实现双方不同要求的同时，又使得操作难度和运行成本不高，因此它是我国担保公司比较理想的选择。

目前，我国担保公司监管部门尚未要求担保公司提供监管会计报表，监管部门只要求担保公司提供报送经营报告、财务会计报告、合法合规报告等文件和资料，适时提出资本质量和资本充足率要求，难以对担保公司的代偿能力、资产质量进行有效的监管。在未来我国担保会计体系健全完善后，我们可以依照担保行业一般公认会计准则先行编制财务报表，然后再根据担保行业法定会计准则调整为监管会计报表，监管会计报表可以考虑设置认可资产负债表、实际资本表、综合收益表，监管会计报表总目标不应侧重于公允反映担保公司的财务状况或盈利能力，而是从动态的角度反映担保公司的代偿能力状况，揭示可能出现的代偿能力问题，并在此基础上建立一套监管指标体系，这套指标体系应涵盖公司治理、内部控制、风险管控、信息披露等不同层面，由数量性要求（资产负债评估、技术准备金、资本要求等）、质量性要求（监管审查程序、治理结构、风险管理等）和信息披露要求（监管报告、公众披露等）组成，体现以风险为基础的定性分析与定量分析相结合的全面风险管理监管思路。

第三章

原担保合同的确认和计量

第一节 原担保合同的界定

一、担保合同的内涵

担保合同（Guarantee Contract）是指为促使债务人履行其债务，保障债权人的债权得以实现，而在债权人（同时也是担保权人）和债务人之间，或在债权人、债务人和第三人（即担保人）之间协商形成的，当债务人不履行或无法履行债务时，以一定方式保证债权人债权得以实现的协议。它包括以下两层含义：

（一）担保合同的定义应强调重大担保风险的转移

担保合同如何认定，关键在于确定重大担保风险是否发生转移。只要担保合同中含有重大担保风险，就可以认定为担保合同。承担被担保人的重大担保风险，是原担保合同区别于其他合同的主要特征。

（二）按照风险损失转移的层次分类，担保合同被划分为原担保合同和再担保合同

原担保合同（Original Guarantee Contract）是指担保人向投保人收取担保

费，对约定的可能发生的代偿承担赔偿担保金责任的担保合同。

再担保合同（Re－guarantee Contract）是指一个担保人（再担保分出人）分出一定的担保费给另一个担保人（再担保接受人），再担保接受人对再担保分出人由原担保合同所引起的赔付成本及其他相关费用进行补偿的担保合同。

二、担保与反担保

（一）反担保的内涵

《中华人民共和国担保法》第四条规定，“第三人为债务人向债权人提供担保时，可以要求债务人提供反担保。”反担保（Counter Guarantee）是指为债务人担保的第三人，为了保证其追偿权的实现，要求债务人提供的担保。在债务清偿期届满、债务人未履行债务时，由第三人承担担保责任后，第三人即成为债务人的债权人，第三人对其代债务人清偿的债务，有向债务人追偿的权利。当第三人行使追偿权时，有可能因债务人无力偿还而使追偿权落空。为了保证追偿权的实现，第三人在为债务人作担保时，可以要求债务人为其提供担保，这种债务人反过来又为担保人提供的担保叫反担保。反担保一般采用交纳保证金、抵（质）押反担保、信用反担保三种形式。

（二）反担保和担保的区别和联系

反担保和担保的区别主要表现在以下几个方面：

1. 反担保的担保对象不同于担保

担保的担保对象是主合同债权人对债务人的债权，换言之，所担保的是债务人对债权人之债务的履行、债权人的债权的实现。反担保的担保对象则是担保人对被担保人（债务人）的追偿权。该追偿权在担保合同依法成立时即已设定并在担保人承担担保责任后实际发生，其性质为担保人基于担保合同关系及代债务人为债务清偿之事实而产生的一种新债权。担保人向债务人追偿损失的债权在主体、发生原因及范围等方面，均有别于主合同债权人的债权。

2. 反担保合同的当事人不同于担保合同

反担保合同的双方当事人也是债权人与担保人，但该两方当事人的担当者却与担保合同大有不同。反担保合同中债权人是在本担保中为债务人提供担保并对债务人享有追偿权的担保人，即担保人；反担保合同中的担保人（即反担保人），既可以由债务人自己充当，亦可以由债务人以外的人充当。主合同及担保合同中的债权人不再是反担保合同的当事人，也不是利害关系人，反担保设定与否，方式与内容如何，均与其无关。反担保人只对享有追偿权的本担保人负其义务，即使本担保中的担保人无力承担担保责任，如保证人无全部代偿能力等，主合同债权人亦无权要求反担保人对此承担责任。

3. 反担保的从属性与补充性有特殊的表现

反担保也是担保，因而也具有担保所固有的从属性与补充性，然而此二性在反担保中具有特殊的表现。与担保合同从属于债权人与债务人间的主合同不同，反担保合同从属于担保人与债权人间的担保合同，它是担保合同的从合同而不是主合同的从合同。即担保合同相对于主合同而言，是从合同，但其相对于反担保合同而言又处于“主合同”的地位。反担保的成立、效力、变更、解除等，并不直接决定于债权人与债务人间的主合同（但主合同对反担保合同可能有间接影响），而是决定于担保合同。同样，反担保责任的补充性也不是相对于主合同债务人的债务不履行责任而言，而是指担保人在取得对债务人的追偿权后，债务人不对担保人之损失履行清偿义务时，反担保人方负代为清偿责任。

反担保和担保的联系主要表现在以下几个方面：

（1）反担保中的债权人为原担保人。

（2）反担保是以原担保有效存在为前提的。

（3）反担保仅仅限于约定担保。

（4）反担保所担保的实际是原担保人的追偿权。

由于原担保人的追偿权是在一定条件下才出现的，因此反担保所担保的属于未来的债权。

三、混合担保合同分拆

混合担保合同（Mixed Guarantee Contract）是指既包括担保风险又包括非担保风险的合同，主要包括内含衍生金融工具的担保合同、含有储蓄成分的担保合同、自由分红担保合同、财务担保与信用风险合同等。对于混合担保合同应进行分拆处理：

担保人与被担保人签订的合同，使担保人既承担担保风险又承担其他风险的，应当分别下列情况进行处理：

1. 担保风险部分和其他风险部分能够区分，并且能够单独计量的，应当将担保风险部分和其他风险部分进行分拆。担保风险部分，确定为担保合同；其他风险部分，不确定为担保合同。

2. 担保风险部分和其他风险部分不能够区分，或者虽能够区分但不能够单独计量的，如果担保风险重大，应当将整个合同确定为担保合同；如果担保风险不重大，不应当将整个合同确定为担保合同。

第二节 原担保合同担保费收入确认和计量

一、担保费收入的内涵

担保费收入（Premium Income）是担保公司为了承担一定的风险责任而向投保人收取的担保费，或者是投保人为将其风险转嫁给担保公司而支付的代价。担保费收入是衡量担保业务发展规模的客观尺度，也是衡量担保公司有无发展活力的重要依据。担保费收入的多少，反映担保公司承保能力的大小和担保责任的大小。对于担保费收入的理解，需要澄清以下几个基本概念：

（一）入账保费（Recorded Premium）

担保费收入一般指入账保费。入账即登记入账，指在会计核算上已记录为本期的担保费收入。入账保费是担保公司在一定时期内签发的保单已经收到或尚未收到的担保费总额。

（二）未赚保费（Unearned Premium）

未赚保费亦称未到期保费，指某一年度的入账保费中应该用于支付下一年度发生的代偿的保费。因为担保业务是跨年度连续经营的，每一年度末决算时，当年签发的担保单，有许多尚未到期，可能在下一年度发生代偿，因此，当年的担保费收入不能都用于支付当年发生的代偿，而必须提存一部分用于支付下一年度发生的代偿，从当年担保费收入中提存的这一部分资金就是未赚保费，实际上也就是未到期责任准备金。

（三）已赚保费（Earned Premium）

已赚保费亦称已到期保费，指某一年度中可以用于当年代偿支出的担保费收入。每年会计期末，担保人须将所收担保费中在当期会计年度已负了责任或已终止合同的那部分担保费作为已赚保费入账。已赚保费等于上年度转回的未赚保费加上本年度入账保费减去本年度未赚保费。由此可见，已赚保费才是担保公司的实际担保费收入。

二、原担保合同担保费收入的确认

担保费收入同时满足下列条件的，予以确认。

（一）原担保合同成立并承担相应担保责任

担保合同成立是先决条件，但是担保合同成立并不意味着担保公司开始承担相应的担保责任。有些担保合同，签订合同是一个日期，合同条款规定担保公司开始承担担保责任可能是另外一个日期，在这种情况下，在签订合同时，不能将收到的担保费作为担保费收入，只能作为预收款处理，待承担担保责任时再转为担保费收入。对于一般担保合同，一般强调主合同与从合同同时成立。比如虽签订担保合同但其主合同（借款合同）尚未签订或未放款，此时担保公司的收费，应在“预收保费”科目反映，待借款合同签订并实际放款后，再转为担保费收入。如果担保产品为银行授信额度，担保客户有权在指定时间内无条件地向银行提取贷款，在此情况下，银行批出授信额度当天，担保公司便开始承担不可撤回的担保责任，则应确认其担保费收入。

（二）与原担保合同相关的经济利益很可能流入

这规定了担保公司只有在有把握收取担保费时，才能确认担保费收入。一般来讲，既然已经确定为其担保，担保人是具备支付担保费的能力的。当然，对于有一些特殊情况的老客户，应根据以前的信用状况和信息等加以判断。如果有确凿证据表明投保人不能按担保合同规定的期限和金额交纳担保费，则不能确认担保费收入。比如，某公司为某一企业设备融资进行担保，假设该企业经营状况不佳，属于破产清算范围，有证据表明担保费收回的可能性不大，在这种情况下，公司本期不应作为担保费收入，而应于实际收到担保费时确认。

（三）与原担保合同相关的收入能够可靠地计量

假设承保条件改变或担保对象的担保价值发生变化，造成收入和相关的成本难以确定，公司不能将其作为担保费收入。在担保合同签订后，担保费金额通常已经确定。但由于一些不确定因素，也有可能出现金额变动的情况，比如预收担保费后，根据被担保人请求，双方对担保费金额进行协商的情况，不应确认收入，而应在“预收保费”科目反映。

三、担保费收入的计量

（一）递延匹配模式

在递延匹配模式下，担保公司在收到担保费时并不立即确认为收入，而是将担保费根据担保合同的生效时间进行期间归置，属于会计年度内的担保费确认为收入，不属于当期会计年度的担保费进行未到期递延，确认为负债。如果递延的担保费不足以满足预期的担保代偿成本，担保公司需要确认责任准备金。递延匹配模式通过将担保费收入递延，使确认的时间及金额达到与担保所负担的风险同步、同程度的关系，符合权责发生制的要求。而且，递延匹配模式辅以各项担保准备金的计提保证担保公司在未来发生担保事件下充分的偿付能力，减少了担保公司会计信息的不稳健性，很好地保护了担保合同债权人的利益。

（二）资产负债模式

资产负债模式是以担保资产和担保负债计量的变化来定义收入和费用，与财务报表各要素定义的逻辑关系相一致。担保资产是指担保合同中担保公司的净合约权利。担保资产反映的是担保费从投保人向担保公司的流入。只要担保公司能够预期担保费收入将流入企业，不管它的期间归属如何，也不管它是否已经支付，都必须确认为担保资产。担保负债是指担保合同中担保公司的净合约义务。担保公司的净合约义务是基于担保合同所形成的预期会导致经济利益流出担保公司的现时义务。担保负债表示担保公司剩余代偿和合同下的风险的价值，包括所有直接和间接担保合同成本，而不是未到期保费的递延。资产负债模式下担保公司的利润可以得以静态实现。

（三）两种模式的比较

以上两种模式导入了两种不同的收入确认理念，同时也导致了对担保负债不同的认识。递延与匹配模式尊重了会计核算中权责发生制的基本约束，将收入和相关费用联系起来，重点强调报告收入的数额和时间，但回避了担保行业的基本特征。从一定意义上分析，担保人所承担的负债应当代表担保人在该保单下的净风险，投保人缴纳的保费并不完全是该担保的风险价值。因此，递延匹配模式所产生的未到期责任准备金并不能完全描述担保人负债的真实状况，担保人应记录的负债不是递延的收入。

资产负债模式重点强调担保费收入与担保责任应保持相互独立的原则，照顾到担保业务的基本特性，强调通过对代表所属资产和负债数额的变化效果来报告收入，通过对担保合同和担保负债的确认与计量，帮助投资者、公众与监管者一目了然地根据资产负债表直观了解担保公司的获利能力，会计信息的使用者不需要像递延匹配模式下那样解读财务报表关于成本递延，收益匹配等相关隐含的会计信息。另外，因为担保公司收入和费用由担保资产与负债决定，而担保资产与负债又根据公允价值进行计量，能够更加客观真实地反映担保公司的资产状况和盈利能力，避免了递延匹配模式下可能造成的秘密储备金聚敛等现象，更好地保证了投资人的投资利益。不过资产负债模式下在收入的确认上不能从会计报表上直观地反映收入与负债的匹配关系。而且公允价值计量模式的使用会造成担保公司各年度运营情况波动性大，担保公司年度利润对宏观环境与金融市场的依赖性增强，所以担保公司的收入与费用将受到除了担保合同本身风险状况的影响，还将受到市场的宏观环境、担保周期和担保消费预期等因素的影响。担保合同根据其市场价值进行计量是实践中的一大难题，因为担保合同不存在活跃的市场交易，所以也不存在可供参考的第三方价格，对担保合同资产负债的计量因此只能通过运用特定的模型，根据担保合同所产生的现金流和担保合同价值在资产负债表日的贴现值等因素予以确定。

第三节 原担保合同准备金的确认和计量

一、原担保合同准备金的或有性

担保业务实质是一种期权互换，其经营对象的非实体性、风险发生机制的不确定性、经营活动的复杂性使得准备金计量成为当前担保理论和实务界的一大难题。目前，我国担保公司将担保合同准备金作为担保公司负债的主要组成部分，但按照《企业会计准则第 13 号——或有事项》中对或有负债的定义，担保合同准备金本质上是一种或有负债。

（一）它是过去的交易或事项形成的一种状况

担保合同准备金是担保公司对投保人或保单持有人承担未了责任而提存的准备金。担保公司承担将来未了责任有一个前提，那就是担保公司已和投保人签订了担保合同，即在担保合同生效后，担保公司负有在被担保人未按合同约定履行义务，由担保公司代其履行义务而支付代偿赔付款及处理担保事件相关费用支出的责任。签订担保合同是一种客观事实。提存责任准备金是因公司过去的经济行为即签订担保合同要求承担担保责任所引起的，是现存的一种状况。

（二）它具有不确定性

由于担保公司本身经营的不确定性导致了担保合同准备金的不确定性。担保公司承担的代偿责任主要与担保事件造成损失程度有关。由于在担保期间内，无法预知担保风险发生及可能造成损失程度的大小，因此担保合同准备金具有不确定性特点。

（三）它具有未来性

担保合同准备金的提存虽然是一种现时存在，但担保公司承担担保责任，具体进行担保金补偿的经济行为，即代偿赔付与否以及代偿赔付金额的大小必须在以后的业务赔偿发生或担保期限到期后才能真正得到证实。因此，担保公司对担保合同准备金的确定只有预测性，需要由未来不确定事项的发生或不发生来证实。

（四）它具有估计性

由于未来损失的不确定性和存在一些难以预知因素，所有的估计都是基于一定的人为假设作出的，由于估计方法的局限性与担保监管当局谨慎性要求的影响，责任准备金的估计值与实际值常有较大偏差。

根据现行会计准则规定，或有负债不符合负债的定义和确认条件，公司不应当确认负债。但如果与或有事项相关的义务同时符合以下条件，公司应将其确认为负债：第一，该义务是公司承担的现时义务；第二，履行该义务很可能导致经济利益流出公司；第三，该义务的金额能够可靠地计量。担保公司担保合同准备金包括未到期责任准备金和担保赔偿准备金。其中，担保赔偿准备是指担保公司为尚未终止的担保合同在被担保人未按合同履行义务，担保公司发生代偿义务支付赔偿金而提取的准备金。即被担保人已提出担保赔偿，担保公司尚未进行担保赔偿，它是一种现时义务，也称之为预计赔偿，它符合确认的第一个条件，但最终赔偿多少尚不能确定，也就是不能可靠地计量，因而不能确认；而未到期责任准备金是为了承担未来担保责任而提取的准备金，由于担保合同的年度与会计年度通常是不一致的，在会计核算期末时，不能把所收取的担保费全部当作担保费收入处理，对于担保责任尚未届满，应属于下年度的部分担保费，必须以准备金的形式提存出来，它是一种潜在义务而非现时义务，因而也不能确认。由此可见，担保合同准备金从理论上讲不应当确认为负债。但担保经营作为一种负债经营，其偿付能力的大小是至关重要的。目前，我国为了保证担保公司未来代偿有足够的资金来源，本着对保户负责的态度，从稳健经营的角度出发，对于担保合同准备金作为负债进行确认，并在财务报表中进行列示。

二、原担保合同准备金确认和计量的一般原则

（一）引入公允价值计量属性

如前所述，担保合同准备金是一种或有负债，因此，担保公司应采用符合

市场实际的折现率，以合理估计金额为基础计量担保合同准备金，同时考虑边际因素和货币时间价值，这有利于真实公允地反映担保公司的财务状况和经营业绩，有助于投资者对担保公司的价值评估和监管部门的风险监管，而且可以增强股东利益的货币时间价值效应，对担保公司内涵价值的增长将产生持续的积极影响。

（二）期末进行充足性测试

充足性测试（Adequacy Test）是指计算为将来可能履行的担保责任而提取的准备金是否足够、充分，以确保担保准备金负债没有被低估。担保公司在确认担保费收入或担保事故发生的当期已经确认了担保准备金，但是，随着时间的推移和理赔案件调查的深入，原定担保假设可能发生变化，导致已确认的担保准备金金额与担保公司应承担的代偿责任不一致。此时，如果不对确认的担保准备金金额进行调整，就不能真实地反映担保公司应承担的代偿责任。为了保证担保准备金足够、充分，基于会计信息的稳健性要求，并考虑成本效益原则，担保公司应当至少于每年年度终了，根据销售方式、服务方式和衡量获利能力的方式，并以获得的被担保人财务状况、生产或生存环境为依据对担保准备金进行充足性测试，将已提取的相关准备金余额与充足性测试日重新计算的结果进行比较。如果后者大于前者，则将其差额作为保费不足准备金增加担保准备金；相反，不调整。

担保公司进行准备金充足性测试可以备选的方法包括：整体测算、按产品大类测算和按照个别产品测算。

1. 整体测算

即按公司所有产品品种计算应补提的整体准备金的差额。按照公司所有品种进行整体测算的方法，优点在于客观、易于操作，同时可比性较高。

2. 按产品大类测算

即按照产品大类分别计算各产品大类应补提的准备金差额，公司层面的应补提的准备金差额为各产品大类应补提准备金差额的汇总。按照此类方法测算的结果更趋于保守。由于如何划分产品大类主观判断的程度较大，相对整体测算而言，公司之间测算结果的可比性降低。

3. 按照个别产品测算

即按照个别产品分别计算各产品应补提的准备金差额，公司层面的应补提的准备金差额为各产品应补提准备金差额的汇总。按照此类方法测算，相对于前两种方法，结果最为保守，公司之间测算结果的可比性较低。

由此可见，进行充足性测试的基本单元可以是单一产品、某类型产品、某重大产品或整个公司。测试单元设置得越大，准备金需要作出会计调整的机会越小，因为部分产品准备金的不足可能被其他产品准备金的盈余所抵销。

三、未到期责任准备金的确认、计量

（一）未到期责任准备金的确认

未到期责任准备金（Unearned Premium Reserve）亦称“未满期担保费准备金”或“未赚保费”，它是指公司担保责任未解除时，为承担未到期责任而提取的准备，包括公司为担保期间在1年以内（含1年）的担保合同项下尚未到期的担保责任提取的短期责任准备金和为担保期间在1年以上的担保合同项下尚未到期的担保责任提取的长期责任准备金。

由于担保合同的年度与会计年度通常是不一致的，因此，在会计核算期末时，不能把所收取的担保费全部当作担保费收入处理，对于担保责任尚未届满，应属于下年度的部分担保费，必须以准备金的形式提存出来，因此，其实质为递延受益。

（二）未到期责任准备金的计量

1. 短期担保合同采用未赚保费法

对于短期担保合同（担保期限在一年或一年以下），期限比较短，没必要对未来现金流量进行折现，基于成本效益原则，可以采用未赚保费法（Unearned Premium Model），其计算公式如下：

未到期责任准备金 = （总保费 - 首日费用） × 未到期比例

= 总保费 × （1 - 保单获取成本率） × 未到期比例

首日费用（Acquisition Cost）即保单获取成本或招揽费用，它是签发担保合同所发生的增量成本（销售、承保和保单合同成立时发生的费用），包括手续费支出、营业税金及附加、监管费、分保费用支出、摊回分保费用、与担保费挂钩的承保人员工资等。

保单获取成本应直接列为首日费用，计入当期损益，即一次性作为费用全额列支，在提取未到期责任准备金中予以扣除。目前我国担保公司按毛保费计提未到期责任准备金，随着准备金的计提，保单获取成本重复列支了一次，隐藏了利润，降低了会计信息的透明度。

对于未到期比例的计算，应采用百分比估算法，它包括 1/2 法、1/8 法、1/24 法、1/365 法。

（1）1/2 法。采用此法的前提条件是假设全年 365 天每天签单起保收取的担保费都是相等的，即以 7 月 1 日为平均保单签发日，这样，一年的保单在当年还有 50% 的有效部分未到期，故期末提取未到期责任准备金 =（本期担保费收入 - 首日费用）×50%。这种方法虽然简便易行，但是在整个担保期间风险并不是均匀分布的，并且保单生效也不是均匀分布在整个承保年度，因此这种方法显然不够准确。

按照财政部颁布的《办法》、《暂行办法》规定，担保公司应当按照当年担保费收入的 50% 提取未到期责任准备金，也即采用 1/2 法。

从理论上讲，如果在下期发生担保代偿损失，应将上期已计提的准备作为损失的抵减项目；如果下期担保责任期已过，未发生担保代偿损失，则应将上期提取的准备转回，确认为一项收益。但实际工作中，由于日常业务量很大，如果分别每个合同作如此处理，将带来很大工作量，不便于操作。因此，提取未到期责任准备从费用列支，在会计期末实行差额提取。

假设某担保公司贷款担保业务大部分担保业务周期是 1 年期，其担保费收入及提取未到期责任准备金资料如表 3 - 1 所示。

表 3 - 1　　未到期责任准备金提取表　　单位：万元

月份	2013 年担保费收入	2013 年应提取未到期责任准备金	2012 年担保费收入	2012 年已提取未到期责任准备金	差额补提
1	90	45	50	25	20
2	130	65	60	30	35
3	120	60	150	75	-15
4	140	70	130	65	5
5	80	40	60	30	10
6	100	50	120	60	-10
7	110	55	140	70	-15
8	150	75	130	65	10
9	130	65	120	60	5

续表

月份	2013 年担保费收入	2013 年应提取未到期责任准备金	2012 年担保费收入	2012 年已提取未到期责任准备金	差额补提
10	100	50	110	55	-5
11	140	70	130	65	5
12	160	80	140	70	10
合计	1 450	725	1340	670	55

（2）1/8 法。也称为按季计算法。采用此法的前提条件是假设每一季度中承保的所有保单是逐日开出的，且每天开出的保单数量、每份保单的保额及担保费大体均匀。这样，就可以认为所有保单都在每季之中签发，即每季度的保单有半个季度的责任未到期。一年中有 8 个“半季度”，因此，到年末时，对在第一季度投保的保单应提取的准备金为第一季度保费的 1/8，另外 7/8 为已到期保费。对在第二季度投保的保单应提取的未到期准备金为第二季度保费的 3/8，另外 5/8 为已到期保费。依此类推，故年末未到期责任准备金为：第一季度保费 ×1/8 + 第二季度保费 ×3/8 + 第三季度保费 ×5/8 + 第四季度保费 ×7/8，其计算公式是：

未到期责任准备金 =（当季担保费收入 - 首日费用）×（签发保单季数 ×2 - 1）÷8

假设某担保公司贷款担保业务 2013 年各季度担保费收入和首日费用如表 3 - 2 所示。

表 3 - 2　　贷款担保担保费收入和首日费用表　　单位：万元

项目	一季度	二季度	三季度	四季度
担保费收入	85	109	74	172
首日费用	6	8	6	15

则该公司年末未到期责任准备金为：

未到期责任准备金 =（85 - 6）×1/8 +（109 - 8）×3/8 +（74 - 6）×5/8 +（172 - 15）×7/8 = 227.63（万元）

（3）1/24 法。也称为按月计算法。采用此法的前提条件是假设一个月内所有承保的保单是 30 天内逐日开出的，且保单数量、保额、保费大体均匀，这样就可以认为所有保单都在每月之中签发，即本月承保时保单在当月内的有效期天数都是 15 天即半个月，每月的保单有半个月的责任未到期。一年可分为24个半个月，对一年期保单来说，开立保单的当月末已到期责任为1/24，23/24的保费则是未到期责任准备金。以后每过一个月，已到期责任加上2/24，未到期责任准备金减少2/24，到年末，1月份开出保单的未到期责任准备金为保费的1/24，2月份开出保单的未到期责任准备金为保费的3/24……其余类推，到12月份开出保单的未到期责任准备金为保费的23/24，其计算公式是：

未到期责任准备金 =（当月担保费收入 − 首日费用）×（签发保单月份 × 2 − 1）÷ 24

假设某公司贷款担保业务担保一年期保单订立于1月、5月、8月、10月、12月，其担保费收入和首日费用如表3－3所示。

表3－3　　贷款担保担保费收入和首日费用表　　单位：万元

项目	1月份	5月份	8月份	10月份	12月份
担保费收入	64	85	132	203	278
首日费用	7	11	18	25	36

该公司年末未到期责任准备金为：

未到期责任准备金 =（64 − 7）× 1/24 +（85 − 11）× 9/24 +（132 − 18）× 15/24 +（203 − 25）× 19/24 +（278 − 36）× 23/24 = 474.21（万元）

值得注意的是，如果担保公司未到期责任准备金是按月提取，那么，每月在计算未到期责任准备金时应相应往前推12个月。比如，在2012年8月提取未到期责任准备金时，2011年9月份开出保单的未到期责任准备金为保费的1/24，10月份开出保单的未到期责任准备金为保费的3/24……其余类推，到8月份开出保单的未到期责任准备金为保费的23/24。

按1/24法计提未到期责任准备金的核算特点是，每月开出保单时，当月按保费的23/24计提未到期责任准备金，随着担保责任期限的逐渐缩短而逐月按2/24转回，即将大部分保费通过计提准备金的方式事后逐月反映为利润。

（4）1/365法。也称为逐日计算法。根据每张保单的剩余未到期天数，逐笔计算未到期责任准备金。其计算公式是：

未到期责任准备金 =（当日担保费收入 − 首日费用）× 剩余未到期天数 ÷ 担保期天数

假设某公司2010年6月30日承保一年期贷款担保业务，共收保费187 000元，首日费用4 500元，则该公司年末未到期责任准备金为：

未到期责任准备金 =（187 000 - 4 500）×181/365 = 90 500（元）

采用1/365法最为准确、可靠，因此，未到期比例原则上采用1/365法，但是这种方法建立在先进的准备金计算技术与计算手段基础之上，采用此法应有足够的电脑设备和完备的统计资料档案。由于全年365天每天签单起保收取的担保费都是不相等的，以年末这个时点计算，未到期责任准备金计算公式如下：

$$\begin{aligned}\text{年末未到期责任准备金} &= \text{每日保单未到期责任准备金之和}\\ &= P_1 \times 1/365 + P_2 \times 2/365 + \cdots + P_i \times i/365 + \cdots\\ &\quad + P_{365} \times 365/365\\ &= \sum_{i=1}^{365} p_i \times i/365\end{aligned}$$

其中：i表示一年中的第i日；

P_i表示第i日的担保费收入。

假设某担保公司的贷款担保业务2011年1月每日的担保费收入（扣除首日费用）统计如表3-4所示，用1/365法计算年末未到期责任准备金。

表3-4　　贷款担保担保费收入表　　单位：万元

月份	1月							2月……
日期	1日	2日	5日	9日	15日	26日	31日	1日……
担保费收入	30	45	100	40	42	190	62	198……

$$\begin{aligned}\text{未到期责任准备金} &= 30 \times 1/365 + 45 \times 2/365 + 100 \times 5/365 + 40 \times 9/365\\ &\quad + 42 \times 15/365 + 190 \times 26/365 + 62 \times 31/365\\ &= 23.21\ (\text{万元})\end{aligned}$$

2. 长期担保合同采用三因素法

对于长期担保合同（担保期限在一年以上），其特点是期限长，由于未来损失的不确定性和存在一些难以预知因素，准备金的计量方法相对复杂，可以采用三因素法（Three - factors Method），即考虑对现金流明确的当前估计、反映现金流的时间价值和显性的边际三个因素①。

（1）未来现金流（Future Cash Flow）。未来现金流是预期未来现金流出与

① 侯旭华："担保准备金公允价值计量方法研究"，《财经理论与实践》2011年第4期。

预期未来现金流入的差额，即预期未来净现金流出，它是一种合理估计负债。预期未来现金流出主要包括根据担保合同承诺的保证利益、管理担保合同或处理相关赔付必需的合理费用（包括保单维持费用、理赔费用等）。预期未来现金流入包括担保费和其他收费。预期未来净现金流出的合理估计金额，应当以资产负债表日可获取的当前信息为基础，按照各种情形的可能结果及相关概率计算确定，不得锁定。

（2）货币时间价值（Time Value of Currency）。货币时间价值涉及对现金流进行贴现。货币时间价值影响重大的，应当按照适当的折现率或贴现率对相关未来现金流量进行折现。是否重大的标准是计量单位整体负债的周期应该超过一年。折现率市场利率可以中央国债登记结算有限责任公司编制的750个工作日国债收益率曲线的移动平均为基准，加合理的溢价确定。

（3）边际因素（Margin Factor）。担保准备金计量涉及的边际因素包括风险边际和合同服务边际。

①风险边际（Risk Margin）。风险边际是为应对预期未来现金流的不确定性而提取的准备金。在所有其他因素相同的情况下，风险调整通常会增加准备金的计量金额。导致未来现金流的不确定性的风险包括纯粹风险和信用风险，信用风险（Credit Risk）主要是指违约风险，即被担保人未按合同履行义务，使授信人的预期收益与实际收益发生偏离的可能性。过去信用风险更多地依赖定性分析和管理者的经验和判断，但目前国际上由J. P等机构开发的信用风险计量模型，如Creditmetrics、KMV、Creditrisk + 模型等，使得信用风险计量成为可能。一般来说，风险不确定性越大、担保期限越长、概率分布越广的，其风险调整金额相对来说也就越大。

具体而言，风险边际评估方法主要有以下几种：第一，75%分位数法（75 Percentile Method）。即担保公司首先确定一个置信区间（如75%），风险边际为在该置信区间的代偿赔付金额与代偿赔付金额概率加权平均值之间的差额。第二，资本成本法（Cost of Capital Method）。即担保公司首先确定一个置信区间（如99.5%），在该置信区间的代偿赔付金额与代偿赔付金额概率加权平均值之间的差额，即为担保公司为承担担保合同现金流量不确定性而需要持有的成本，以需要持有的成本乘以加权平均资本成本，即可得到风险边际。第三，情景对比法（Scenario Comparison Method）。在情景对比法下，风险边际为不利情景下的负债与合理估计负债的差额。不利情景的选择应考虑系统风险和随机性风险两类，系统风险单纯靠担保公司自身的力量是无法解决的，比如整个社会的信用环境、法律环境和政策环境的变化产生对担保公司不利的影响。随机性风险则是担保公司和担保业务自身的风险，比如风险识别系统、风险分担机制和风险管理制度的不健全、反担保措施安排不当，造成对担保公司不利的情形。

②合同服务边际（Contract Service Margin）。合同服务边际是为了不确认首日利得而确认的边际准备金，于担保合同初始确认日确定，在整个担保期间内摊销。当担保费的预期现值超过了未来现金流出预期现值和风险边际之和，存在首日利得，反之存在首日损失。基于会计稳健性要求，担保公司在担保合同初始确认日不应当确认首日利得，而将其作为准备金的组成部分；发生首日损失的，应当予以确认并计入当期损益。

在初始确认合同服务边际后，对合同服务边际进行重新计量没有实际意义，也缺乏经济实质，因此，合同服务边际的后续计量是一个摊销过程，摊销金额应计入当期损益。合同服务边际的摊销决定了利润释放的时间和金额，担保公司应对担保合同利润释放的模式进行分析，选择合理的利润驱动因素，如风险边际、预期未来赔付的现值，预期未来担保费收入的现值、预期未来有效保额的现值、两个或多个利润驱动因素的组合等。合同服务边际可以按直线法摊销，也可以在首日计量时，确定摊销比例 K，后续计量时，如果评估假设发生变化，评估时点摊销的边际 = K × 利润驱动因素的现值。

假设某担保公司 20×1 年 12 月 18 日与某单位签订一份 10 年期项目融资担保合同，首期担保费 1 000 元，期初获取费用 800 元，风险边际评估方法采用情景对比法，利润驱动因素的现值选取未来有效保额的现值。在两种不同的情况下，其未到期责任准备金计量如下：

（1）20×1 年 12 月 18 日首日计量时，其未到期责任准备金评估步骤见表 3－5。

表 3－5　　未到期责任准备金评估表　　单位：元

项目	情况 1	情况 2
①合理估计负债 = 贴现的未来赔款和维持费用	－120	－5 500
②风险边际 = 不利情景下的负债 －①	430	450
③担保费的预期现值 = 趸缴保费 － 获取费用	200	200

续表

项目	情况 1	情况 2
④合同服务边际 = ③ - ① - ②	-110	5 250
⑤利润驱动因素的现值 = 未来有效保额的现值	3 500 000	3 500 000
⑥摊销比例 = ④/利润驱动因素的现值	—	0.15%
未到期责任准备金 = ① + ② + ④	310	200

注：其中 110 元为首日损失，合同服务边际为 0；5 250 元为首日利得，作为合同服务边际待摊销；0.15% = 5 250 ÷ 3 500 000 × 100%。

（2）20×2 年 12 月 18 日后续计量时，假设均采用最新的评估假设，其未到期责任准备金评估步骤见表 3-6。

表 3-6　　未到期责任准备金评估表　　单位：元

项目	情况 1	情况 2
①合理估计负债 = 贴现的未来赔款和维持费用	-380	-5 600
②风险边际 = 不利情景下的负债 - ①	420	440
③利润驱动因素的现值 = 未来有效保额的现值	2 850 000	2 850 000
④合同服务边际 = ③ × 摊销比例	0	4 275
未到期责任准备金 = ① + ② + ④	40	-885

注：其中 4 275 元 = 2 850 000 元 × 0.15%。

由上可见，由于评估假设引起的合理估计负债的变化能够立即、完全地反映在当期损益之中，缺点是如果评估假设发生不利的变化，担保合同已经没有利润了，但仍然在确认合同服务边际。采用三因素法，期末担保公司还应对未到期责任准备金进行充足性测试，按照其差额补提相关准备金，以确保准备金负债没有被低估。

四、担保赔偿准备金的确认和计量

（一）担保赔偿准备金的确认

担保赔偿准备金（Guarantee Compensation Reserve）是指担保公司为尚未终止的担保合同在担保人未按合同履行义务，担保公司发生代偿义务支付赔偿金而提取的准备金。

担保公司在承担代偿责任的过程中，常常会发生各种风险，且在时间上和数额上难以预见，如果等到风险发生时一次性计入损益，有可能造成损益的大幅度波动。因此，按照谨慎性原则，有必要在收入确认的当期，预先从费用中提取的一定担保赔偿准备金，作为未来担保风险损失的支出来源，因此其实质为预计成本。

担保赔偿准备金包括代偿准备金和理赔费用准备金。代偿准备金是指担保人为承担代偿责任而支付赔偿金提取的准备金。理赔费用准备金是指担保人为承担代偿责任可能发生的费用而提取的准备金。理赔费用准备金分为直接理赔费用准备金和间接理赔费用准备金。理赔费用中有些费用是与具体的赔案直接相关的，如专家费、律师费、损失检验费等，有些费用是间接相关的，与赔案没有直接的联系，比如相关理赔人员薪酬等。

（二）现行担保赔偿准备金的计量

财政部颁布的《办法》和《暂行办法》规定，担保公司应按不低于当年年末担保责任余额1%的比例提取担保赔偿准备金。担保赔偿准备金累计达到当年担保责任余额10%的，实行差额提取。对于理赔费用准备金的提取财政部还没有具体的规定。

（三）担保赔偿准备金和未到期责任准备金的区别

担保赔偿准备金和未到期责任准备金的区别如表3-7所示。

表3-7　担保赔偿准备金和未到期责任准备金的区别

	性质	提取比例	用途
担保赔偿准备金	针对整体业务风险，体现谨慎性	不超过年末担保责任余额1%，可累加，达10%后差额提取	抵冲担保损失
未到期责任准备金	针对项目未到期责任，与期间对应	当年担保费50%，不累加	保持当年担保费50%，不冲减

（四）担保赔偿准备金计量方法的改进

财政部颁布的《办法》和《暂行办法》规定，担保公司应按不低于当年年末担保责任余额1%的比例提取担保赔偿准备金，这种刚性的提取方法与担保公司风险的不确定性不相匹配。而且《办法》和《暂行办法》中并没有明确年末担保责任余额的内涵，导致各担保公司年末上报在保余额统计资料时口径不一致，从而造成信息不可比。此外，担保赔偿准备金没有考虑理赔费用准备金的提取，计提不够全面。

担保赔偿准备金是针对代偿责任已经发生但尚未结案的赔案而提取的准备金，它是一种预计赔偿，应基于理赔系统中的估损数据计提，期末还应进行充足性测试。具体包括以下三种估计方法：

1. 逐案估算法（Each Case Estimation Method）

即由理赔人员逐一估计每起索赔案件的代偿赔付额，然后记入理赔档案，到一定时间把这些估计的数字汇总，并进行修正，据以提存准备金。这种方法比较简单，但工作量较大，适用于索赔金额确定，或索赔金额大小相差悬殊而难以估算平均代偿额的业务。

2. 平均值估算法（Average Value Estimation Method）

即先根据担保公司的以往代偿损失资料计算出平均值，然后再根据对将来代偿赔付金额变动趋势的预测加以修正，把这一平均值乘以已报告代偿数目，就可得出担保赔偿准备金数额。这一方法适用于赔款可快速决定、索赔案多且每案赔款金额差异不大的业务。

3. 损失率法（Loss Ratio Method）

即假定某特定年度的实际代偿赔付金额与预期代偿赔付金额相同，选择一个时期的代偿损失率作为预期损失率法乘以担保费来估计某类业务的最终代偿赔付金额，从估计的最终代偿赔付额中扣除已支付的赔款和理赔费用，即为担保赔偿准备金数额。这种方法简便易行，但假定的代偿损失率与实际代偿损失率可能会有较大出入，此时按这种方法计算则不太准确。

担保公司在提取担保赔偿准备金时，应同时考虑为承担代偿责任可能发生的费用，提取理赔费用准备金（Claim Expense Reserve），它分为直接理赔费用准备金和间接理赔费用准备金。理赔费用中有些费用是与具体的赔案直接相关的，如专家费、律师与诉讼费、损失检验费、公估费等，有些费用是间接相关的，与赔案没有直接的联系，比如调查费、相关理赔人员薪酬、资产使用费、外部监管费用及税费、理赔办公费等。对直接理赔费用准备金，应当采取逐案预估法提取。对间接理赔费用准备金，应采用比较合理的比率分摊法提取。所谓合理的比率，就是合理估计理赔费用支出与代偿赔付支出的比例关系，首先要合理地划分哪些是理赔费用，理赔费用与代偿赔付支出的比率也需要有经验数据作为支撑。然后再以当期计提的担保赔偿准备金作为基础，乘以估计的理赔费用比率，计算理赔费用准备金。经验数据包括本期以及过往期间理赔费用支出。

第四节
原担保合同担保成本的确认和计量

一、担保成本的内涵

从担保风险和担保公司现金流出两个角度出发，担保成本的有狭义和广义之分[①]。

（一）狭义的担保成本

狭义的担保成本是反映担保公司风险的承担程度与风险的管理水平，如赔付支出、提取未到期责任准备金、提取担保赔偿准备金等。由于狭义的担保成本所归集的仅仅是发生担保风险所需的财务需求，因此它是一种纯粹的担保风险成本。

（二）广义的担保成本

广义的担保成本主要从担保公司现金流出角度出发，它除了狭义的担保成本外，还包括手续费及佣金支出、业务及管理费、营业税金及附加等。这些现金流出虽与担保风险没有直接关系，但它们是担保公司开展业务与经营管理不可缺少的开支。

二、担保成本与制造成本的比较

与一般制造业比较，担保行业担保成本有较强的特殊性。

① 杨华良：《保险业会计问题研究》，中国财政经济出版社 2002 年版，第 104 页。

（一）成本结构不同

一般制造成本主要包括直接材料、直接人工和制造费用，由于担保产品的无形性属性，其经营过程不需大量的原材料消耗和人力的耗费，担保成本主要由保单获取成本、担保风险成本、经营管理成本等部分构成。

（二）成本与售价关系不同

对于一般制造业，成本发生在前，定价在后，实际成本是制定产品销售价格的重要依据。而对于担保行业，产品定价在前，成本发生在后，因为担保公司不可能等到将来发生担保责任后才决定保单价格，必须预先设定一个保单价格作为保单销售的依据，因此保单售价与实际成本没有直接的联系。

（三）成本回收性不同

一般制造成本回收是通过销售完成来实现，如果实际成本小于售价，销售利润与销售数量成正比例关系，反之，成反比例关系。由于担保行业采用预计成本定价，其销售收入中含有担保事件尚未发生的预计成本，销售实现的同时，预计的担保成本已经回收。

（四）销售数量与利润的关系不同

对于一般制造业，利润是售价与成本相抵的结果。如果售价大于成本，则销售数量越大，利润越高，反之利润越低。但对于担保行业，销售数量与销售利润没有明显的比例关系，在某些情况下，保单销售数量与利润甚至出现负相关关系，因此，其利润不能像制造业一样在产品销售后立即实现。

三、担保成本的会计特征

（一）预计成本与实际成本并存

由于担保费率的确定按收支相抵的原则，对未来发生担保事故的一种成本预测，因此，定价成本是一种预计成本亦即事前成本，同时，由于发生担保责任造成的代偿是事后成本亦即实际成本。担保会计成本核算存在两套不同的成本体系，即预计成本体系和实际成本体系。预计成本体系建立在经验数据的基础上，以现在对将来的期望值作为计算基础；实际成本体系是以发生担保责任后所支出的担保赔付为核算基础，是检验保单定价是否合理的重要数据来源。保单预计成本和实际成本的差异形成了担保公司的利润。

（二）大数法则发挥有效作用

对于担保销售对象个体而言，由于未来担保事故是否发生、何时发生、发生的程度如何是不确定的，担保风险成本在一定程度上具有不确定性。但是，由于担保业所采用的大量承保与风险分散，使个别担保事故的发生从总体上看有一定的规律性，大数法则使担保公司有可能对担保成本实施有效的成本管理。

（三）担保成本受外界因素影响较大

担保预计成本很大程度上依靠经验统计，而这种统计数据有的来源于本公司，有的则来源于行业，这种公司外的信息来源对保单预计成本可能产生重大的影响。担保实际成本主要依靠担保代偿来实现，但担保代偿涉及社会的各行各业，而且有很强的专业性，完全依靠公司内部理赔人员不可能提供具有说服力的代偿证明，需要依靠社会各专业机构进行测定与评估，由此可见，无论是担保预计成本还是担保实际成本，并不完全取决于担保公司自身。

四、保单获取成本的确认和计量

（一）保单获取成本的确认

对于保单获取成本（Guarantee Contract Acquisition Cost）的确认，国际会计界有两种不同的观点：一种观点以欧盟为代表。认为保单获取成本是指因担保合同成立而发生的各项成本，包括起草担保合同或将担保合同进行组合的成本以及间接成本，如广告成本或对投保及签发保单进行管理的成本。另一种观点是以美国为代表。美国财务会计准则委员会（FASB）对保单获取成本给出了定义，根据FASB60号公报，保单获取成本是指最初与取得新保单和续期保单相关，并随之变动的成本，包括手续费及佣金支出（Handing Charge and Commission Expense）、营业税金及附加（Business Taxes and Surcharges）和其他成本（如承保和签发保单部门人员的工资、保单发行费用）。目前我国担保会计制度没有单独归集担保获取成本，因而没有担保获取成本确认方面的规定。但实务中，保单获取成本在整个担保成本中占有较大比重，特别是对于新单业务，为了刺激新契约扩张，需要大量的费用开支，比如手续费及佣金支出，为使保单获取成本更为直观，并易于控制，保单获取成本应按照直接成本进行界定。

（二）保单获取成本的计量

目前国际会计界对保单获取成本的计量有下列两种观点：

1. 资本化

在保单获取成本发生之时，将符合条件的成本计入递延资产，并在日后的担保责任期间逐步摊销。这种方式体现了权责发生制与配比原则，将保单获取成本随保单的有效期递延并按与担保费收入确认一致的方式计入费用。保单获取成本不仅与当期担保费收入有关，而且与以后各期的担保费收入有关，这样可以避免担保公司在首期出现新业务亏损，合理均衡地反映担保公司的利润，使担保公司利润表变得更为平滑或者提前释放。担保获取成本允许采用作为资产递延的国家有澳大利亚、英国、美国等。

2. 费用化

在保单获取成本发生当期全额计入费用。这种观点坚持保单获取成本不满足财务会计概念结构对资产的定义，因此不应确认为资产。国际会计准则委员会《编报财务报表框架》第59段“财务会计概念结构”指出，费用并不一定创造资产。保单获取成本的发生并不能生产商品或提供劳务，不能交换其他资产，不能减少负债，也不能分配给所有者。公司在签订保单时可能创造了无形资产，但保单获取成本并不是这种资产，即使公司在签发保单时并未发生成本，这种无形资产仍会存在。保单获取成本不允许作为资产递延的国家有：加拿大、法国、德国、日本等国。这两种方法都允许使用的国家有意大利等国。另外，监管会计主要注重偿付能力，资本化的保单获取成本不能变现以支付代偿金，因而不能报告为资产或只能确认为不认可资产。

为使取得成本更符合财务会计中资产的定义，取得成本应该全额确认为当期成本，当期确认的保单获取成本与当期保费收入不相匹配的部分通过责任准备金隐含方式予以调整，但在会计报表附注中予以披露。从公司管理的角度考虑，担保公司在编制公司内部管理报表时间可以采用递延分配方法，以便使管理者能充分认识当期费用的递延过程与需要消化的金额，科学制定财务计划，逐年消化保单获取成本。

五、担保风险成本的确认和计量

（一）担保风险成本的确认

担保风险成本是担保公司承担担保风险的现金支出或担保风险的预计值。担保风险成本是担保公司风险管理的重要环节，它与担保费收入内含品质、核保、代偿、定损有着密切的关系，是担保成本的重要组成部分。

对于担保公司，担保风险成本主要指赔付支出和提取责任准备金。赔付支出（Loss Payment）是指被担保人未按合同约定履行义务，由担保人代其履行义务而支付的代偿赔付款及处理担保事故的相关费用支出。从严格意义上讲，代偿支出（Compensatory Payment）尚不是担保公司的最后损失，担保公司在代位补偿后仍有可能从被担保人收到一定的追偿款，但从谨慎的角度出发，担保公司发生代偿后即确认损失，而以后收到的追偿金额则冲减赔付的支出。

赔付支出包括直接赔付、直接理赔费用、间接理赔费用、代位追偿款、收回错赔骗赔款及损余物资折价。

对于退保金是否作为担保风险成本，存在很多争论。保户退保实质上是保单现金价值的退还，是投保人法律上应有的权利，其与一般制造业的销售退回并无区别，因此不能作为担保风险成本进行归集。

（二）担保风险成本的计量

1. 直接赔付成本

直接赔付是指根据担保合同约定支付给受益人的代偿赔付款，应在实际支付赔付时确认，直接计入“赔付支出”科目。

担保事故发生后、赔偿金额尚未最终确定前预付给被担保人或受益人的赔付，应作为“预付赔付款”入账，结案时转为“赔付支出”科目。

2. 直接理赔费用

直接理赔费用是指理赔过程发生的能准确分清到赔案的相关费用，包括专家费、律师与诉讼费、损失检验费、公估费、举报人奖励以及其他直接费用。直接理赔费用，按实际发生额，直接计入相关项目的“赔付支出”科目。

3. 间接理赔费用

间接理赔费用是指理赔过程发生的与担保事故直接有关但不能准确分清到赔案的相关费用，包括车辆使用费、差旅费、调查取证费以及相关理赔人员薪酬等其他相关费用。间接理赔勘查费，按当期赔案件数或其他合理的方法，分摊计入相关项目的“赔付支出”科目。

4. 代位追偿款

代位追偿款（Subrogation Account）是担保公司事先按照担保合同约定代偿后取得对被担保人的求偿权而追回的价款。公司发生代偿支出后尚不是担保公司的最后损失，担保公司代被担保人支付赔付款，与此同时，从被担保人处取得对代偿的价款进行追偿的权利。从理论上讲，追偿款属于代位求偿，实质上不是一项收入，而是对赔付支出的一种抵减，不应作为收入处理。因此，承担赔付担保金责任后应当确认的代位追偿款，应冲减相关项目的“赔付支出”。

担保人承担赔付担保金责任应收取的代位追偿款，同时满足下列条件的应确认为应收代位追偿款：

（1）与该代位追偿款有关的经济利益很可能流入；

（2）该代位追偿款的金额能够可靠地计量。

对应收代位追偿款，担保公司应及时行使追偿权，并遵循以下原则：

（1）穷尽原则。对被担保企业反担保物、反担保人都要进行追偿，直至有充分证据表明都已穷尽。

（2）变现原则。对代位追偿款应考虑以货币资金受偿，从严控制以物抵债。受偿方式以现金受偿为第一选择，被担保人无货币资金偿还能力时，要优先选择以直接拍卖、变卖非货币资产的方式回收代偿款。当现金受偿确实不能实现时，可接受以物抵债。

（3）责任追究原则。对造成代偿损失的应查明原因，进行责任追究。

（4）批准原则。要根据公司的管理权限，经股东大会或董事会、经理会议或类似机构批准。

（5）账销案存原则。

5. 收回错赔骗赔款

担保公司在理赔过程中难免会发生错赔骗赔案件，收回错赔骗赔付款应直接冲减相关项目的赔付支出。

6. 损余物资折价

损余物资（Salvage Value）是指担保公司代偿后收回的反担保抵押或质押物资。收回损余物资要严格按规定手续办理，开列清单，并设置“损余物资登记簿”，列明损余物资的品名、数量、损坏程度、残值数额。取得的损余物资，应当按照同类或类似资产的市场价格计算确定的金额确认为资产，并冲减当期赔付支出。市场价格不包括处置费用。如果不存在活跃的交易市场，应当根据可实现价值和资产成新率计算。损余物资应当以市价计量，不计提折旧。会计期末，应重新判断市场价格，并将市价与账面价值的差额，调整当期赔付支出。收取损余物资后应坚持“物尽其用”的原则，根据可用程度，及时进行处置，尽快实现损余物资向货币资产的有效转化。

收回损余物资价值，应直接冲减相关项目的赔付支出。

六、经营管理成本的确认和计量

（一）经营管理成本的确认

担保公司经营管理成本主要是指业务及管理费。业务及管理费（Operating and Administrative Expense）是指公司在担保业务经营及管理工作中发生的各项费用，包括业务相关费用、职工薪酬、财产相关费用、外部监管费、中介费用、办公费用六大类：

1. 业务相关费用

业务相关费用是指公司为特定的展业、理赔或客户服务等业务活动发生的费用，具体包括以下内容：

（1）广告费，反映公司通过中介媒体宣传公司品牌、产品、其他信息的广告费用支出，包括影视广告、户外广告、报刊广告、招聘广告等。广告费支出必须符合以下条件：一是广告是通过经工商部门批准的专门机构制作的；二是已经实际支付费用，并已取得相应发票；三是通过一定的媒体传播。

（2）业务宣传费，反映公司为开展业务宣传活动但未通过媒体所发生的带有广告性质的费用，包括用于开展常规业务宣传活动所支付的费用（比如宣传用品、设计制作费用、宣传活动的礼品、赠品、宣传品、场租费、产品包装、业务支持宣传工具、业务宣传片等设计制作费用）、用于大型宣传活动（如产品说明会，包括宣传资料印刷费、业务宣传片摄制费、公关服务费、媒体服务费、发布仪式费、广告性赞助费等)、用于其他非专项宣传活动所发生的费用。

(3) 业务招待费，反映公司为拓展业务而发生的交际招待费用，包括餐费、礼品、景点门票、被接待人员交通费和住宿费等。

(4) 客户服务费，反映公司为客户提供各种服务发生的各项费用。

2. 职工薪酬

职工薪酬是指公司为获得职工提供的服务或解除劳动关系而给予的各种形式的报酬或补偿。职工薪酬包括短期薪酬、离职后福利、辞退福利和其他长期职工福利。公司提供给职工配偶、子女、受赡养人、已故员工遗属及其他受益人等的福利，也属于职工薪酬。

短期薪酬，是指公司在职工提供相关服务的年度报告期间结束后 12 个月内需要全部予以支付的职工薪酬，因解除与职工的劳动关系给予的补偿除外。短期薪酬具体包括：

(1) 职工工资，反映在职职工的工资、奖金、津贴和补贴等。

(2) 职工福利费，反映公司为职工卫生保健、生活、住房、交通等所发放的各种补贴和非货币性福利，包括公司向职工发放的因公外地就医费用、实行医疗统筹的职工医疗费用、职工供养直系亲属医疗补贴、供暖费补贴、职工防暑降温费、职工困难补贴、救济费、职工食堂经费补贴、职工交通补贴、丧葬补助费、抚恤费、安家费、探亲假路费等。

(3) “五险一金”，包括医疗保险费、养老保险费、失业保险费、工伤保险费、生育保险费和住房公积金。

(4) 工会经费，反映公司为了改善职工文化生活用于开展工会的相关支出。

(5) 职工教育经费，反映公司提高职工业务素质用于职工教育及职业技能培训的相关支出。

(6) 短期带薪缺勤，反映公司支付工资或提供补偿的职工缺勤，包括年休假、病假、短期伤残、年休假、病假、短期伤残、婚假、产假、丧假、探亲假等。

(7) 短期利润分享计划，反映公司因职工提供服务而与职工达成的基于利润或其他经营成果提供薪酬的协议。

(8) 非货币性福利，反映公司以自产产品或外购商品发放给职工作为福利，将本公司拥有的资产无偿提供给职工使用，租赁资产供职工无偿使用，为职工提供无偿医疗保健服务；向职工提供本公司支付了一定补贴的商品或服务，以低于成本的价格向职工出售住房等。

离职后福利是指公司为获得职工提供的服务而在职工退休或与企业解除劳动关系后，提供的各种形式的报酬和福利，短期薪酬和辞退福利除外。

辞退福利是指公司在职工劳动合同到期之前解除与职工的劳动关系，或者为鼓励职工自愿接受裁减而给予职工的补偿。

3. 财产相关费用

财产相关费用是指公司为取得、使用或维持各类有形及无形资产发生的费用，具体包括以下内容：

（1）固定资产折旧费，反映公司按有关规定提取的固定资产折旧费。

（2）无形资产摊销，反映公司无形资产摊销的金额。

（3）关联交易费用，反映公司租用本公司集团公司及其子公司资产所发生的关联交易费用支出。

（4）车船使用费，反映公司机动车船所需要的燃料、辅助油料、养路、牌照、车检等费用。

（5）电子设备运转费，反映公司为保证电子机具及配套设备的正常运转所支付的水电费、安装调试费、设备维护费以及耗用纸张、色带、微机软盘等费用。

（6）租赁费，反映公司租用营业、办公性用房及其他设备和交通工具所支付的租金（不包括融资租赁费）。

（7）水电费，反映公司营业办公用房所支付的水电费及增容费开支，包括污水处理费，但不包括纯净水、饮品。

（8）修理费，反映公司固定资产及低值易耗品的修理费（不包括资本化后计入固定资产的部分）。

（9）财产保险费，反映公司进行财产保险所支付的费用（不包括人身保险费以及为员工支付带有福利性质的保险费）。

（10）绿化费，反映公司内部绿化以及义务植树所发生的零星费用。

（11）取暖降温费，反映公司按规定支付给第三者的专门用于办公场所或规定支付的取暖降温费用。

（12）物业费用，反映公司发生的物业管理费用，包括物业服务费与保洁服务费。

（13）安全防范费，反映公司用于购置安装安全防卫设施等发生的相关费用，包括防盗门、消防器材及保安人员费用。

（14）房产税，反映公司按规定缴纳的房产税。

（15）车船使用税，反映公司按规定缴纳的车船使用税。

（16）土地使用税，反映公司按规定缴纳的土地使用税。

4. 外部监管费

外部监管费是指公司为外部监管机构发生的费用，具体包括以下内容：

（1）上缴管理费，反映公司按监管部门的有关规定缴纳管理费。

（2）同业公会会费，反映公司缴纳的同业公会会费。

（3）学会会费，反映公司缴纳的学会会费。

5. 中介费用

中介费用是指公司为聘请外部中介机构发生的费用，具体包括以下内容：

（1）审计费，反映公司聘请外部中介机构进行查账验资以及进行资产评估等发生的各项费用。

（2）咨询费，反映公司聘请经济技术顾问、法律顾问等支付的费用。

（3）诉讼费，反映公司由于诉讼发生的费用。

（4）公证费，反映公司进行公证事务时所发生的费用。

（5）席位费，反映公司按规定向证券交易所和同业拆借市场等交纳的席位费。

（6）检验费，反映公司经营过程中，需要经资质认定的检验机构对本公司资产或承保的财产进行产品质量检验而出具检验结果所花费的成本。

6. 办公费用

办公费用是指公司发生的除上述费用以外的日常办公费用，具体包括以下内容：

（1）邮电费，反映公司办理各项业务所支付的邮费、电报费、电传费、电话费、市内电话月租金及电话安装（含电话初装费）、迁移、维护费、线路租用费。

（2）印刷费，反映公司印刷各种保单、条款、单证、账簿、报表、信纸、信封、文稿、便笺等所支付的费用以及附带的包装费、邮运费。

（3）差旅费，反映按规定报销的差旅费用。

（4）会议费，反映公司按规定标准支付的会议经费，包括公司系统内举办，或承办的会议和公司员工参加系统外主办的会议所发生的直接相关费用，但不包括董（监）事会会议费。奖励性质的会议应代扣代缴个人所得税，会议餐费应根据标准支出，超标的不允许列支。

（5）培训费，反映公司为职工开展培训活动所发生的各项支出。

（6）外事费，反映公司有关出国考察、访问、学习、进修的交通费、生活费、服装费以及外宾来访等外事活动中按规定标准支付的接待费用，涉外业务人员按规定发给的服装费。包括不能在“职工教育经费”中列支的高管人员大额出国培训费用，但不包括公司员工出境培训费用，以及公司董（监）事会成员外事费用。

（7）公杂费，反映公司购置经营业务所需资料、饮水所用燃料、刻制业务专用章、购置营业办公用品、清洁卫生用品用具以及规定金额以下的零星购置等开支的费用。

（8）宣教费，反映公司购置书籍、报刊、杂志、资料等所发生的费用。

（9）低值易耗品摊销，反映公司低值易耗品摊销的金额。

（10）其他资产摊销，反映不属于低值易耗品的其他资产摊销的金额。

（11）董事会费，反映公司董事会及其成员执行职能而发生的各项费用，包括其差旅费、会议费、外事费、培训费等。

（12）银行结算费，反映公司按规定支付给银行的汇兑、结算邮费、电汇费、手续费以及向开户银行购买专用凭证和网银手续费等费用。

（13）技术转让费，反映公司接受技术转让等发生的费用，该技术的预计受益期限应当在一年以内或受让的金额很小，否则应作为无形资产。

（14）研究开发费用，反映公司研究开发新条款、新产品、新软件系统（包括系统新增功能和上线推广费用）、新教育培训课程和非专利技术等发生的费用。

（15）印花税，反映公司按规定交纳的印花税。

（16）劳务费，反映公司支付给除订立劳动合同人员（含全职、兼职和临时职工）、未与公司订立劳动合同但为公司提供与职工类似服务的人员（如劳务派遣用工）之外临时性的劳务人员的费用支出。

（17）其他费用，不属于上述费用的业务及管理性质费用。

（二）经营管理成本的计量

业务及管理费包括直接费用和间接费用。直接费用是直接归属至相关产品的费用，间接费用是指无法或不易直接辨认或归属到某一产品的费用，比如水电费、办公场所租金、总经理薪酬等。凡能准确分清产品的，直接计入相关产品的成本；不能分清的，按规定办法分摊计入各产品的成本。常用的分摊方法包括保费收入、员工人数、使用机器时数、使用面积比例、处理时数或数量、直接成本比例等。

假设某担保公司20×2年5月业务及管理费为200 000元，以担保费收入为基础在各产品分配可见表3－8。

表3－8　业务及管理费分配表　单位：元

产品 项目	贷款担保	项目融资担保
担保费收入	7 000 000	3 000 000
各产品占担保费收入比例	70%	30%
各产品分配金额	140 000	60 000

第四章 再担保合同的确认和计量

第一节 再担保合同的界定

一、再担保的内涵

再担保（Re－guarantee），也称分担保，是担保人在原担保合同的基础上，通过签订再担保合同，将其所承担的部分风险和责任向其他担保人进行担保的行为。在再担保业务中，习惯上把分出自己承保业务的担保人称作原担保人，或称分出人；接受分保业务的担保人称作再担保人、分入人、分保接受人。原担保人通常通过签订再担保合同，支付规定的分保费，将其承担的风险和责任的一部分转嫁给一家或多家担保或再担保公司，以分散责任风险，保证其业务经营的稳定性。分保接受人按照再担保合同的规定，对担保人的原保单下的赔付承担补偿责任。再担保的责任额度按接受人对每一具体的风险单位、每一次事故或每一年度所承担的责任在再担保合同中分别加以规定。

二、再担保和原担保的关系

再担保的基础是原担保，再担保的产生正是基于原担保人经营中分散风险的需要。因此，原担保和再担保是相辅相成的，它们都是对风险的承担和分散。担保是投保人以交付担保费为代价将风险责任转嫁给担保人，实质是在全体被担保人之间分散风险；再担保人是原担保人以交付分保费为代价将风险责任转嫁给再担保人，在它们之间进一步分散风险。因此，再担保是担保的进一步延续，是担保的担保，也是担保业务的组成部分。

三、再担保合同的确定

再担保合同（Re－guarantee Contract）是指一个担保人（再担保分出人）分出一定的担保费给另一个担保人（再担保接受人），再担保接受人对再担保分出人由原担保合同所引起的赔付成本及其他相关费用进行补偿的担保合同。

再担保合同首先要满足担保合同的定义。担保合同成立的关键在于判断担保人是否承担了重大担保风险。

第二节
分 保 账 单

一、分保账单的概念和格式

（一）分保账单的概念

分保账单（Re－guarantee Account List）是分保分出公司对于分保业务活动的各项财务指标按一定格式填制的凭证。分保账单的编制是分保管理程序中很关键的一环，是履行分保协定和条款的凭据，也是分保实务中最繁重的工作。分保账单能否及时、准确地编制出来，不仅可以从中反映出公司的管理水平，而且也可以保证及时结付。

再担保业务的核算比较特殊，依据的是分保分出人定期开出的分保账单。分保账单是再担保业务的原始凭证，既是再担保双方当事人进行往来账务清算的依据，又是编制记账凭证的依据。因此，熟悉分保账单是进行再担保业务核算的重要前提。

（二）分保账单的格式

对于分保账单的格式，尽管不同的担保具有不同的形式，但其宗旨类同，主要内容大同小异，经常项目基本一致，只是临时性项目有所差异。表4－1以经常应用的项目为例，说明分保账单的一般格式。

表4－1　　分保账单

公司名称：　　业务类型：

分入公司名称：　　业务年度：

账单期：　　货币单位：

借方		贷方	
项目	金额	项目	金额
分保赔款 固定分保手续费 浮动分保手续费 纯益手续费 经纪人手续费 税款及杂项 保费准备金扣存 应付你方余额		分保费 保费准备金返还 准备金利息 应收你方余额	
合计		合计	
你方成分%		你方成分%	

二、分保账单的编制

（一）分保账单的基本内容

分保账单（见表4－1）载明了分保业务活动的分出保费、分保赔款、分保费用、扣存和返还准备金等主要财务指标，这些内容是相互关联的。下面说明分保账单所包括的基本内容。

1. 分保费

分保费（Re－guarantee Premium）是指分保分出人根据分保业务计算的应向分保接受人分出的保费。当保单项下的保费分期收取时，分保费应分期支付。

2. 分保赔款

分保赔款（Re－guarantee Indemnity）是指分保接受人向分保分出人支付的

赔付款。

3. 固定分保手续费

分保手续费（Fixed Re - guarantee Commission）又称分保佣金，是指分保分出人向分保接受人收取的报酬，即分保分出人支付的手续费（或佣金）中应由分保接受人承担的份额。平时对手续费率暂定一个标准。

4. 浮动分保手续费

浮动分保手续费（Floating Re - guarantee Commission）是根据分保分出人赔付率情况对原手续费进行调整的手续费，其高低取决于分出公司赔付率的高低，其目的在于鼓励分保分出人注重核保品质。比如暂定手续费率为30%，赔付率等于65%的，分保手续费率为分保费的30%，赔付率每超过或低于65%一个百分点（不足一个百分点不计），分保手续费率减少或增加0.5个百分点，但分保手续费率最高以35%为限，最低以25%为限。

5. 纯益手续费

纯益手续费（Profit Commission）又称盈余手续费，是指分保接受人同意在其取得利润的基础上支付给分保分出人一定比例的报酬。纯益手续费制度的建立，旨在鼓励原担保人谨慎核保，使合约业务能产生利润，或酬谢原担保人努力使合约产生利润。比例再担保常有此项规定。纯益手续费的计算公式如下：

纯益手续费 =（收入项目合计 - 支出项目合计）×纯益手续费率

其中，收入项目和支出项目由合同规定。收入项目一般包括分担保费收入，支出项目一般包括分保费用、分保赔付支出以及相关的其他税费等。纯益手续费由合同规定。如计算结果为亏损时，则将亏损滚转至下一业务核算期。

6. 经纪人手续费

经纪人手续费（Broker Fee）是指分保业务通过经纪公司安排时，分保接受人补贴分保分出人所付经纪人佣金的份额。

7. 税款及杂项

税款及杂项（Taxes and Miscellaneous）主要是指分保分出人按保费收入计算缴纳的营业税金及其他有关费用中应由分保接受人承担的份额。

8. 保费准备金

保费准备金（Premium Reserves）是根据分保合同按分保费的一定比例，由分保分出公司从应付给分保接受人的保费中扣存，以确保分保接受人履行再担保责任，并在下一账单期退还的保费准备金。扣存期12个月，次年同期返还，归还的同时要支付利息。针对这一内容，在分保账单的借方和贷方分别设置保费准备金扣存和准备金返还项目。

9. 准备金利息

准备金利息（Interest on Reserves）是指按分保合同规定的办法和商定利率，对扣存的保费准备金计算的利息，在交换分保业务中，可经双方商定互免计算准备金的利息。

10. 余额

余额（Balance）即分保账单中收支轧抵后表现在借方或贷方的差额。因为分保账单的借贷方要平衡，所以，应付的余额列在借方，应收的余额列在贷方。

（二）分保账单的编制方法

编制分保账单有以下两种方法：

第一种方法是：对分保账单的每一个项目，都按分保接受人所接受的比例直接列出具体数字。例如，承保业务的总分出保费为20万元，分保接受人所接受的比例是10%，那么在分保账单上反映的分保费数字为2万元（200 000 ×10%）。

第二种方法是：对分保账单的每一项目都按100%列示数字，再列出某个分保接受人所接受的比例，然后计算出该分保接受人应分担的数字。例如，有一笔业务，有几家再担保公司接受分保，可以编制一张统一的账单（按100%），然后将每一个接受公司的“应付你方余额”或“应付我方余额”用其所接受的成分计算列示。

第二种方法与第一种方法相比，具有简化分保账单编制手续的优点。

第三节

再担保合同会计处理的基本原则

一、采用权责发生制会计基础

再担保合同的会计处理应遵循权责发生制，但目前担保公司在会计科目中设置了“应收分担保账款”和“应付分担保账款”科目，但没有设置“摊回分保费用”、“摊回赔付支出”、“摊回担保赔偿准备金”、“应收分保准备金”等科目，这些项目在资产负债表和利润表中也没有单独列示，这不能将分出公司对投保人应该承担的全部责任和从分入公司处应享有的权利有效地区分开来，掩盖了信用风险。

对分出公司来说，采用权责发生制意味着应当在确认原担保合同担保费收入的当期，计算确定分出保费、应向分入公司摊回的分保费用，同时确认应收分保未到期责任准备金；在提取原担保合同担保赔偿准备金的当期，确认相应的应收分保准备金资产；在确定支付赔付款项或实际发生理赔费用的当期，计算确定应向分入公司摊回的赔付成本。

对分入公司来说，由于收到分出公司提供账单的滞后性，使分入公司在满足分担保费收入确认条件当期，通常无法及时收到分出公司提供的分保账单，此时分入公司应根据再担保合同的约定对当期分担保费收入进行专业、合理的预估，及时确认分担保费收入，从而根据相关再担保合同的约定，计算确定分保费用，并及时评估有关责任准备金。

二、再担保合同与原担保合同独立处理

虽然再担保合同的确定依赖于原担保合同，但在会计处理上，再担保合同的各个经济事项都必须独立于原担保合同单独地确认、计量和报告，不能与原担保合同的会计事项合并确认、计量和报告。

为了真实反映担保公司的权利和义务以及相关的收益和费用状况，再担保分出人不应当将再担保合同形成的资产与有关原担保合同形成的负债相互抵销，再担保分出人不应当将再担保合同形成的收入或费用与有关原担保合同形成的费用或收入相互抵销。

三、再担保合同债权、债务不得抵销

为真实、完整反映担保公司的财务状况，再担保合同形成的债权、债务应单独确认、计量和报告，不得随意抵销。这一原则有两层含义：第一，再担保分出人可能同时又是再担保接受人，其与同一再担保合同人同时有分出和分入业务时，分出与分入业务分别形成的债权、债务应单独确认，不得相互抵销，不得以抵销后的净额列报。即再担保合同双方应按照各自在不同的再担保合同

中所处的角色，分别确认其对对方的债权和债务。第二，同一笔分保业务产生的债权和债务不得相互抵销。对于一笔分保业务，再担保分出人对再担保接受人会同时产生应收分保账款和应付分保账款，再担保分出人应将其单独列示，不得相互抵销。但是，如果债权和债务的结算点相同或者双方在合同中约定可以抵销，担保公司可以以抵销后的净额列示再担保合同产生的资产和负债。

第四节
分出业务的确认和计量

一、分出保费的确认和计量

（一）分出保费的确认

再担保分出人应当在确认原担保合同担保费收入的当期，按照相关再担保合同的约定，计算确定分出保费，计入当期损益。

（二）分出保费的计量

1. 合约分保业务

对于合约分保业务，再担保分出人与再担保接受人签订再担保合同，约定某一范围内的所有业务自动按照预先确定的条件进行分保。因此，再担保分出人应在原担保合同担保费收入确定时，即按照合约约定，计算其对应的分出保费，计入当期损益。

2. 临时分保业务

对于临时分保业务，再担保分出人可以视情况决定是否分出某一保单，再担保接受人也需要对每一风险单位进行独立的核保后决定是否接受以及接受条件，因此，再担保合同的签订会滞后于原担保合同。

如果再担保分出人在原担保合同确定当期与再担保接受人签订了再担保合同，再担保分出人应在再担保合同确定时，按照再担保合同约定计算原担保合同对应的分出保费。

如当期未确定再担保合同，则担保责任仍由再担保分出人承担，与原担保合同相关的经济利益也仍属于再担保分出人，同时，分出保费也难以可靠计量，因此，再担保分出人不应确认分出保费。

3. 预约分保业务

预约分保业务分出保费的确认参照临时分保业务处理。

二、摊回分保费用的确认和计量

（一）摊回分保费用的确认

再担保分出人应当在确认原担保合同担保费收入的当期，按照相关再担保合同的约定，计算确定应向再担保接受人摊回的分保费用，计入当期损益。

（二）摊回分保费用的计量

1. 合约分保业务

合约分保业务的手续费包括固定手续费、浮动手续费和纯益手续费三种类型：

（1）固定手续费。固定手续费可在确认原担保合同担保费收入的当期，根据原担保合同发生的费用支出，按照再担保合同约定的固定比例计算确定，计入当期损益。

（2）浮动手续费。浮动手续费中的预收分保手续费可在确认原担保合同担保费收入的当期，根据原担保合同发生的费用支出，按照再担保合同约定的固定比例计算确定，计入当期损益。

浮动手续费中的调整手续费由于在业务年度结束后根据赔付情况才能准确计算，因此，应当在确认原担保合同担保费收入的当期，根据当期原担保合同的赔付情况，按照合理的方法预估应摊回的分保费用，计入当期损益。预估一般可采用历史保单终极赔付率预估法，即根据公司经验数据，计算历史保单终极赔付率，并以此判断新业务的终极赔付水平，从而确定浮动手续费调整金额。

（3）纯益手续费。再担保分出人应当根据相关再担保合同的约定，在能够计算确定应向再保接受人收取的纯益手续费时，将该项纯益手续费作为摊回分保费用，计入当期损益。“能够计算确定”是指，再担保分出人能够根据再担保合同的约定，预估当期的纯益手续费金额。

纯益手续费一般跟分出的担保业务的盈利情况挂钩，再担保分出人在计算纯益手续费时所应用的盈利计算假设应与计算原担保合同所形成的负债时所应用的盈利计算假设相一致。例如，再担保分出人在准备合同项下与纯益手续费有关的损益计算书时，损益中的支出项目一般包括担保赔偿准备金，担保赔偿准备金的评估应与再担保分出人对该笔分出业务所对应的原担保合同评估担保赔偿准备金时采用的假设相一致。

2. 临时分保业务

对于临时分保业务，如果再担保合同在原担保合同担保费收入确认的当期确定，则可参照合约分保业务的方法确认应摊回的分保费用；如原担保合同担保费收入确认的当期未能确定再担保合同，再担保分出人不确认分出保费，相应的，也不应确认摊回分保费用。

3. 预约分保业务

预约分保业务摊回分保费用的确认参照临时分保业务处理。

三、摊回赔付支出的确认和计量

（一）随赔随摊法

随赔随摊法是指再担保分出人在确定支付赔付款金额的当期，按照相关再担保合同的约定，计算确定应向再担保接受人摊回的赔付成本，计入当期损益。

（二）分保账单到达法

分保账单到达法是指再担保分出人在确认原担保合同赔付金额的当期，不确认摊回赔付成本，待分保账单经再担保分入人确认时，确认摊回赔付成本。

按照权责发生制，我国目前宜采用随赔随摊法。

四、应收分保准备金的确认和计量

再担保分出人应当按照相关再担保合同的约定，计算确认相关的应收分保未到期责任准备金资产。再担保分出人应当在资产负债表日调整原担保合同未到期责任准备金余额时，相应调整应收分保未到期责任准备金余额。

应收分保未到期责任准备金采用未赚保费法计提，计算公式如下：

期末应收分保未到期责任准备金余额＝期末有效保单保费收入×分出比例×（1－分保保单获取成本率）×未到期比例＋充足性测试所需保费不足准备金

分保保单获取成本率＝摊回分保费用/分出保费

再担保分出人应在提取原担保合同担保赔偿准备金担保赔偿准备金的当期，按照相关再担保合同的约定，计算确定应向再担保接受人摊回的相应准备金，确认当期损益，并同时确认相应的应收分保准备金资产。

五、再担保合同形成的债权、债务的确认和计量

再担保合同形成的债权主要包括：应收分保账款、应收分保准备金；再担保合同形成的债务主要包括：应付分保账款、存入分保准备金。另外，再担保分出人与再担保接受人之间的预付款行为会形成预付款资产或负债。

1. 存入分保准备金，是指公司的再担保业务按合同约定，由分保分出人扣存分保接受人部分分保费以应付未了责任的准备金。存入分保准备金通常根据分保业务账单按期扣存和返还，扣存期限一般为12个月，至下年同期返还。

2. 再担保分出人应按照权责发生制原则确认由此形成的对再担保接受人的债权或债务。

（1）再担保分出人应在确认分出保费的同时，确认应付分保账款；

（2）在确认摊回分保费用和摊回赔款的同时，确认应收分保账款；

（3）在对原担保合同确认责任准备金负债的同时，确认应收分保准备金；

（4）在调整以上项目的同时，调整对应的再担保合同债权、债务；

（5）再担保分出人应在收到再担保接受人预付的摊回分保款时，确认预收款负债；

（6）在收到再担保接受人支付的分保准备金时确认存入分保准备金；

（7）在向再担保接受人支付预付的分出保费时，确认预付款资产。

3. 需要指出的是，预付分出保费主要发生在超额赔款再担保业务（下称超赔业务）中。超赔业务的分出保费主要组成部分MDP保费（Minimum and Deposit Premium）是再担保分出人提前支付给再担保接受人的预付性质的分出保费，再担保分出人应在支付MDP保费时将其确认为预付款资产，并在每期按照超赔合同计算或估算当期分出保费时冲减此项预付款资产，冲减至零后再确认应付分保账款。

4. 应收分保账款、应付分保账款、预付分出保费、预收摊回分保赔付款和存入分保准备金应区分不同的再担保接受人分别进行确认。不得将不同的再担保接受人的债权、债务合并确认，以保证债权债务的清晰、可靠和易于追踪管理。

5. 再担保分出人与再担保接受人就相互间的再担保债权债务进行实际结算时，再担保分出人应于完成结算当期同时调整该次结算所涉及的，已确认在该再担保接受人名下的应收分保账款、应付分保账款、预付分出保费、预收摊回分保赔付款和存入分保准备金。在实务中，当再担保分出人与再担保接受人在某次结算的金额是双方部分债权与债务轧差后的净额时，再担保分出人应分别调整已确认的债权债务，不得以净额直接调整其对该再担保接受人的债权或者债务。

6. 再担保合同形成的债权如发生减值，适用《企业会计准则第 22 号——金融工具确认和计量》和《企业会计准则第 37 号——金融工具列报》。

第五节
分入业务的确认和计量

一、分担保费收入的确认和计量

（一）分担保费收入的确认

分担保费收入同时满足下列条件的才能予以确认：

1. 再担保合同成立并承担相应的担保责任

一般自签订日起成立，但自合同规定的起期日起才开始承担担保责任。

2. 与再担保合同相关的经济利益很可能流入

一般情况下，如果再担保分出人信用良好，能够按照合同规定如期发送分保账单并结算分保往来款项，则意味着与再担保合同相关的经济利益很可能流入再担保接受人。

3. 与再担保合同相关的收入能够可靠地计量

它分为以下两种情况：

（1）如果再担保接受人可以在每一会计期间对该期间的分担保费收入金额做出合理估计，则应按照估计金额确认当期分担保费收入及相关分保费用。

（2）如果再担保接受人只有收到分保业务账单时才能对分担保费收入进行可靠计量，则应当于收到分保业务账单时根据账单标明金额确认分担保费收入及相关分保费用。

（二）分担保费收入的计量

再担保分入业务会计处理的主要特点之一是业务数据的间接性、滞后性和不完整性。由于再担保接受人收到分出人提供账单的滞后性，使再担保接受人在满足分担保费收入确认条件当期，通常无法及时收到分出人提供的实际账单，此时再担保接受人应根据再担保合同的约定对当期分担保费收入进行专业、合理的预估。分担保费收入的预估通常是由分入担保公司承保人员（Underwriter）完成的。分担保费收入所依附的再担保合同必须成立。

1. 比例再担保合同分担保费收入的预估方法

对于比例再担保合同，分担保费收入依赖于分出公司的业务规模。在签订再担保合同时，再担保分出人要估计再担保合同的保费（估计担保费收入EPI），报告给再担保接受人。承保人以估计担保费收入（EPI）为数据基础，结合再担保人自身积累的历史数据、担保行业公开的统计数据、国家公布的相关经济指标数据等，运用自身经验对分担保费收入进行估计。具体而言，有以下两种预估方法：

（1）终期分担保费收入预估法

①采用本方法预估分担保费收入，再担保接受人应在再担保合同开始生效当期预估并确认该再担保合同在有效期内能给接受人带来的全部分担保费收入，并进而确定属于本会计年度的分担保费收入，进行账务处理。

②确认分担保费收入当年，再担保接受人如有充分证据表明可对该最终保费进行更准确的估计，则应对原预估数据进行调整，调整金额计入当期损益。

③该会计年度一旦结束，在以后年度一般不再调整保费数据，除非该业务年度实际收到账单的保费总数大于预估总数时，才将大于的数据计入收到账单当期。

④再担保接受人应在分担保费收入相关实际账单基本收到后，根据实际账单累计分担保费收入数据调整原预估分担保费收入，差额计入当期损益。

⑤若进行终期调整之后，还有分担保费收入流入，则再担保接受人应在收到相关账单当期予以确认，分担保费收入计入收到账单当期。

⑥再担保接受人应当在收到分出人提供的实际账单时，在按照账单标明的金额入账的同时，按照账单标明的金额冲减预估分担保费收入。

（2）账单期分担保费收入预估法

①采用本方法预估分担保费收入，再担保接受人应在再担保合同开始生效之日起，按照账单期（一般为按季度）分别预估确认分担保费收入，计入账单期损益。

②第一个账单期预估分担保费收入的计量，应由该再担保合同的承保人员以分出人提供的估计保费收入为基础依据，并适当考虑其他影响因素（主要包括相同或类似合同的历史数据、行业数据、承保人经验等），进行计算分摊到本期。

③第一个账单期之后，承保人员可以根据历史数据、经验和已收到的实际账单，对未来账单期保费进行预估，同时可以根据估计保费收入、承保经验、行业数据等进行适当调整，确认当期分担保费收入。

④再担保接受人应当在收到分出人提供的实际账单时，根据账单标明的金额对原预估分担保费收入进行调整，调整金额计入当期损益。

2. 非比例再担保合同分担保费收入的预估方法

对于非比例再担保合同，最终担保费收入除依赖于再担保分出人保费规模之外，还与其损失赔付经验有关。承保人通常以合同中列明的最低担保费收入（MDP）作为数据基础进行估计。

3. 临时再担保业务分担保费收入的预估方法

对于临时再担保业务，规模一般较小，通常再担保保费都为确定的值；可以逐单对保费进行预估，也可以将风险相似的合同进行合并进行保费预测。

二、分保费用的确认和计量

分保费用是指再担保接受人向再担保分出人支付的分保费用。分保费用的确认和计量如下：

1. 再担保接受人应在确认分担保费收入的当期，确认相应的分保费用，计入当期损益。

2. 再担保接受人应根据当期确认的预估分担保费收入和再担保合同约定的

分保费用率，计算确定应计入当期的分保费用金额。

（1）对于采用固定手续费率的，根据分保合同列明的手续费率在分担保费收入预估的基础上进行预估。

（2）对于采用浮动手续费率的，根据估计的业务终极赔付率计算实际的手续费率；或者根据历史赔付经验建立模型，采用随机模拟等技术得出平均的手续费支付水平。

（3）对于纯益手续费的预估，采用与浮动手续费相同的方法即可。

（4）再担保接受人应在调整分担保费收入当期，根据分保费用率或实际账单标明分保费用金额计算调整相关分保费用，计入当期损益。

三、分入业务准备金的确认和计量

再担保接受人提取分保未到期责任准备金、分保担保赔偿准备金以及进行相关分保准备金充足性测试，比照原担保合同相关规定处理。

（一）分入业务准备金的评估

分入业务准备金包括分保未到期责任准备金和分保担保赔偿准备金。由于分保方式的不同，再担保接受人会承担不同的责任。分入人应当根据不同的分保方式和业务风险的分布特征确定不同业务准备金的评估方法。

（二）分入业务准备金的充足性测试

对于再担保接受人责任准备金的充足性测试，应参照原担保合同中对于责任准备金充足性测试的方法。

四、分保赔付支出的确认和计量

再担保接受人应当在收到分保业务账单的当期，按照账单标明的分保赔付款项金额，作为分保赔付成本，计入当期损益，同时，冲减相应的分保准备金余额。

五、再担保合同形成的债权、债务的确认和计量

再担保合同形成的债权主要包括应收分保账款和存出分保准备金；再担保合同形成的债务主要包括应付分保账款。另外，再担保接受人与再担保分出人

之间的预付款行为会形成预付款资产或负债。

（一）应收、应付分保款项的确认和计量

应收、应付分保款项，指担保公司由于分保业务而形成的各种应收和应付等结算款项。

1. 再担保分出人和再担保接受人通常根据分保业务账单的余额进行结算。

2. 再担保接受人应当在确认预估分担保费收入的当期，确认应收分保账款；同时根据相关再担保合同的约定，预估应当支付给再担保分出人的分保费用，并确认预估应付分保账款。

3. 再担保接受人收到实际分保业务账单后，按照账单标明的分保余额对预估应收、应付分保账款进行调整。

（二）存出分保准备金的确认和计量

担保公司应按账单标明的再担保分出人扣存本期分保保证金，并按账单标明的再担保分出人返还上期扣存分保保证金。

（三）预付赔付款的确认和计量

预付赔付款是指分入分保业务预付的赔款。再担保接受人按合同规定预付分保赔款时，计入“预付赔付款”科目，结案后转销预付的分保赔款。

（四）预收分出保费的确认和计量

预收分出保费是指在超赔业务中，再担保接受人提前向再担保分出人收取的分出保费，应计入“预收保费”科目。每期按照超赔合同计算或估算当期分入保费时，冲销“预收保费”科目。

第五章

担保公司会计信息披露

第一节 担保公司会计信息披露的质量要求

一、总体目标——决策有用

会计信息的最重要特征和总体目标就是决策的有用性。如果没有用处，信息就不能为人们带来任何利益，就不足以补偿为它所花费的代价。然而，什么样的会计信息是有用的，要由每一位决策者来进行判断，而其判断又要受到各种因素的影响，例如所要作出的决策、决策所用的方法，已经从其他来源取得的或可以取得的信息以及决策者加工信息的能力等。担保公司的会计信息使用者的数量要比一般工商企业多，其构成也复杂得多，其会计信息的使用者除了投资人、政府有关机构和监管部门以外，担保公司还有着面向全社会众多的客户群体，这些客户群体应该是担保公司会计信息使用者的主体。因此，担保公司会计信息的提供要考虑到不同使用者对会计信息的特殊需求，担保公司只有提供能满足其会计信息使用者的特殊需要的会计信息才能够算得上是有用的。

二、核心质量要求——透明性

透明性是指担保公司对公司财务状况、经营情况等信息进行公开，使股东、社会公众等不可能直接介入担保公司的日常经营管理活动相关关系各方了解公司情况，从而在平等的信息条件下进行决策。会计信息的透明性是关于会计信息披露质量的全面、综合的概念，在我国，透明性首先考虑到的问题就是信息披露渠道的要求，因为要保证信息披露制度透明性原则在实际中得到贯彻和执行，信息渠道必须畅通，以此来保证被披露信息对相关利益各方的易得性。所以，被披露信息应当以最能引起市场参与者注意的方式公布，当然也允许担保公司在一定的情况下考虑不同披露方式的成本来决定披露的形式。

三、基本质量要求：真实性、相关性、及时性、可比性、谨慎性、重要性

（一）真实性

真实性是指会计信息能够忠实的表达它意在反映的情况，而不会受错误或偏向的影响。真实性是会计与生俱来的品质。在自然经济条件下，可靠性是账房先生对主人应尽的义务。在市场经济条件下，真实性是指会计对社会的一种基本承诺，即客观、公正、不偏不倚地把现实经济活动反映出来，并忠实地为会计信息者服务。作为担保业，它不同于一般的行业，它经营的是风险，销售的是一纸对投保人未来无法履行义务予以代偿的信用承诺，涉及大多数公众的利益，具有显著的公众性和社会性。从一定意义上讲，担保是信用的象征，担保会计作为核算和反映担保经营活动的工具，它所产生的信息必须真实、可靠，这不仅关系到投资者的利益，而且直接关系到广大投保人的利益，是担保公司的社会责任。因此，担保业作为经营风险的特殊行业，更应该注重会计信息的客观性。

真实性由可验证性、中立性和忠实表达三个因素构成。

1. 可验证性

指同一事实由不同的人使用相同的衡量或处理方法，所得的结果相同并且能经过反复的验证。

2. 中立性

指会计信息的处理和提供不偏向任何利益团体，或不因某些特定的目的而歪曲信息或故意选择不适当的会计原则。会计信息的提供要站在中立的立场上，不偏不倚。对公司有利的信息要披露；对公司不利的，有可能带来负面影响的信息也要披露。不能在客观的信息上附加某种主观色彩，以满足特定信息者的需要。担保公司的经营活动往往涉及众多的利益群体，会计人员必须坚持信守诚实公正的职业道德，不去迎合任何人的意志和企图而选取、编造数据，

以期达到事先约定的结果和效果。信息提供者只有处于中立性的立场，以公认合法的会计准则为标准来处理会计事项，没有掺入个人的偏见或舞弊，信息才具有中立性。

3. 忠实表达

指会计信息所描述或衡量的现象应该与事实保持一致，能够真实的反映它意在表达的情况。

（二）相关性

相关性是指会计信息要与使用者的使用目的相关，一般认为会计信息应具有与决策相关联、能够影响决策的能力。对于担保公司来说，相关性就意味着披露更广泛的信息。这主要是因为担保业务日趋复杂化，担保公司所开展的业务也越来越多，混业经营是世界的潮流，这些都使得担保公司的业务比一般工商企业的业务要复杂而且多变。只有把握好相关性，以适当的方式披露与担保公司相关的所有信息，才能更好满足使用者的要求。对于信息的使用者而言，会计信息要成为相关的，必须能够帮助信息的使用者预测过去、现在和将来事项的结局，或者能够证实或纠正信息使用者先前的预期，从而增强决策者预测的能力。相关性应该具备三个特征，即预测价值、反馈价值和及时性。

1. 预测价值

指会计信息必须有助于信息的使用者预测未来事项的可能结果，即对预测过程有用的。预测可以降低风险并为决策提供支持和参考。比如，若披露出的信息显示未来现金流量可以达到甚至超出预定的标准，担保公司的投资者会购买或继续持有该公司股票，担保公司的顾客会购买该公司的保单，而担保公司的监管者会认为该公司具备足够的偿付能力。

2. 反馈价值

指会计信息能对信息使用者的预测结果加以证实或据此加以纠正，即有助于证实或调整以前的预期，信息的反馈会对未来的决策产生影响。

当然，在信息披露相关性方面，应该把握一个适度的原则，对涉及国家、公司的商业秘密不要求披露，在这个前提下，应尽可能全面、充分地披露公司的信息。

（三）及时性

及时性是对信息提供时效的要求。它要求对于需要披露的事实，要在事实发生后尽可能短的时期内予以披露。及时与否对于一个信息的价值影响很大。信息在失去其决策作用以前，就应该为决策者所拥有。如果使用者获得信息太晚而不能对决策产生影响，信息也就失去了价值。时过境迁的信息对于使用者的决策很难说仍具有相关性。及时性对于担保公司来说，有特别的意义。因为担保公司日常资金流动量很大，交易十分迅速，现金流转快是担保公司的一大特色，这些就需要会计信息及时披露才能使投资者及其他信息使用者获得相关的信息。比如，由于担保公司会计财务状况与经营成果的计量离不开准备金的计提，而计提准备金不仅有很高的技术要求，而且耗费时日，因此提高担保会计的及时性不仅仅是担保会计人员的问题，它还涉及担保公司的信息系统、统计系统，是担保公司各方面工作通力合作的结果。

（四）可比性

可比性要求公司提供的会计信息应当相互可比。主要包括两层含义：

1. 同一公司不同时期可比

它侧重于同一公司不同时期的纵向对比。它要求同一公司不同时期发生相同或者相似的交易或事项，应当采用一致的会计政策，不得随意变更。比如，对于未到期责任准备金的提取有四种方法，它包括 1/2 法、1/8 法、1/24 法、1/365 法，但一旦选择，也不得任意改变。确需变更的，应当在附注中说明。但强调会计核算的一致性并不意味着所选择的会计程序和处理方法不能作任何变更，当经济环境的变化要求适当变更会计程序和方法时，可以作适当的调整，但必须在财务报告附注中加以说明。

2. 不同公司相同会计期间可比

它要求不同公司同一会计期间发生相同或者相似的交易或事项，应当按照规定的会计政策，确保会计信息口径一致、相互可比。可比性侧重于不同公司的横向对比，信息使用者能从不同公司相同的期间数据中得到相似或相异的结论。对担保公司而言，不同类型的公司之间是没有可比性的，而相同类型与规模的公司间的比较才有意义。

（五）谨慎性

担保公司具有金融资产多、比重大、资金流量大、监管要求多、社会影响大、风险高等特点，在担保公司的会计信息披露中强调谨慎性有着特别重要的意义。谨慎性是指会计在对存在不确定性的交易进行确认、计量和报告时，必须以审慎、保守的态度与做法来处理；在提供的会计信息中应使主要会计指标尽可能地趋于稳健，避免收入、利润与利得的虚增和费用、成本与损失的虚减。担保公司是经营风险的特殊行业，其经营对象的风险性，担保成本未来的不确定性以及担保责任的连续性等经营特性，与经营环境的融合和交织，使担保公司经营较之一般企业经营更具风险，加之担保公司涉及广大的公众利益，其业务对象具有广泛的社会性，这从而也就决定了担保行业在处理会计信息方法上必须更加稳健保守。此外，监管会计由于服务对象、目标以及假设不同，在稳健程度上显得比公认会计更为保守，所选用的方法和程序往往把谨慎原则运用到了极致。

值得注意的是，谨慎性并不意味着公司可以任意设置各种秘密准备，否则，就属于滥用谨慎性原则，将视为重大会计差错处理。

（六）重要性

重要性原则是指公司提供的会计信息应当反映与公司财务状况、经营成果和现金流量等有关的所有重要交易或者事项。重要性是对信息披露范围的一个补充限制。重要性原则与会计信息成本效益直接相关。当今社会信息膨胀，会计信息存在信息过剩的问题，如披露大量不重要信息，必然淹没其他重要信息，削弱重要信息的被关注程度。因此，在进行信息披露时应当区别重要程度，采用不同的披露方式。对于重要的事项单独反映，重点披露；对于次要的事项，合并反映，简单披露。

重要性本身没有确切的衡量标准，哪些情况重要，是否需要在财务报告中重点披露，很大程度上取决于会计人员的经验判断。一般来说，应当从质和量两个方面综合进行分析。从性质来说，当某一事项有可能对决策产生一定影响时，就属于重要事项；从数量方面来说，当一项目的数量达到一定规模时，就可能对决策产生影响。担保公司业务具有复杂化、交易迅速、交易数量巨大等特点，因此需要充分利用重要性原则，对哪些信息需要详细披露、哪些信息只需简要披露、哪些信息无需披露等等作出合理安排。比如，担保公司存货所占比重不大，而且金额较小，对决策不会产生重大影响，因此，没有必要单独作为一个项目披露。

重要性的主要问题在于，有人认为一些财务报表的编制者和审计师会利用重要性原则避免披露一些他们不希望披露的信息。会计数据的使用者必须意识到会计师确实根据他们对重要性的理解对数据和信息进行了删减或重新分类，由此看来重要性概念对使用者也很重要。并没有现成的标准可以指导会计师和信息使用者区分什么是重要的，什么是不重要的。

四、约束条件——效益大于成本、可理解性

（一）经济约束条件——效益大于成本

成本效益原则可以说是一条普遍适用的原则，即任何一项经济活动，只有当其可能获得的收益大于履行成本的时候，才是可行的。会计信息质量水平的确定同样适合这一原则。收集、处理、解释和使用信息是有成本的。与其他服务一样，只有收益超过成本，信息才会被提供。只有在相关的收益大于相关的成本时，提高会计信息质量的举措才是可行的。如果信息的效益小于提供信息的成本，信息就没有提供的价值和必要。当然，"收益大与成本"应该是站在全社会的角度，以增进全社会的利益为目的，不应局限于个别公司、个别投资者等小范围内的利益。提供信息的成本，大部分由初始的编制者承担，而效益则由编制者和财务报表的使用者共同获得。提供信息的成本，包括信息的收集和加工成本；审计成本；分发给必须送达对象的成本。对财务报表的使用者而言，由于依赖了公司提供的信息，作出了正确的决策，从而促进了资源的有效配置和合理利用，增加了社会的总效益。比如，关于未到期责任准备金的提取，严格地说未到期责任准备金的提取应采用逐单估价法，即首先分别计提每份保单未到期责任准备金，然后加总所有保单未到期责任准备金，即为年末未到期责任准备总额，这有赖于建立数学模型分析担保期间内的风险分布情况，工作量大，所以有些公司实务操作中可采用最简便的1/2法，即按保费的50%提取。

（二）表达方式约束条件——可理解性

可理解性是使信息的使用者能够领悟其重要意义的质量特征。提高财务信息可理解的程度，需要做出一定的努力。从成本与效益的角度出发，只能为少数人所理解或使用的信息，应不予提供。反之，编制财务报表，也不能仅仅因为有些人理解上有困难，或因为有些投资者和债权人不予使用，而把有关信息排除在外。因此，提高信息的可理解性，可以提高信息的效益。

第二节
担保公司会计信息披露的现状考察

一、担保公司会计信息披露的真实性考察

会计信息披露缺乏真实性是当前担保公司会计信息披露存在的最主要问题，集中表现在以下几个方面：

（一）收入的不当确认或虚假确认

某些公司为了追逐指标、任务的完成，不惜以各种方式虚增担保费，比如以借款、集资方式投保，以实物抵交担保费，以代偿和提取手续费方式提取资金后转入担保费账户，虚构担保标的进行虚假承保，采取寅吃卯粮的办法将次年担保费转入当年，完成任务后在次年又冲回；通过年底承保，次年初就退保的手段虚增担保费完成年度目标，退保产生的损失通过变通费用来弥补，造成费用管理不规范等连锁反应；还有些公司为了达到减轻下年度的压力或次年的开门红、上业绩、得奖励、逃避税收、形成小金库、账外账或支付非法的担保费回扣等目的，人为减记担保费收入，比如通过撕单、埋单、制作鸳鸯单形成体外循环，应收保费不入账或少入账，按扣除手续费、担保费回扣后的净担保费入账，将当年的担保费收入递延至次年反映，通过批单或者账务处理进行退费，导致担保费收入不真实，采取两套担保费收据系统与两套业务处理系统。

（二）滥用费用支出的确认、计量与分摊

1. 做假代偿

某些公司出于不同的动机将当年代偿支出调节到未达账项等诸多方式人为地增加或减少代偿支出，比如某些公司为降低代偿率，人为延压代偿款，将本应该计入当年的代偿款在来年列支。理赔时缺乏控制手段，造假骗赔、损小报大，非担保责任通融赔付、人情代偿款时有发生，比如将无关的费用列支到代

偿费用；通过代偿支出套出现金；实际代偿支付与财务做账两套依据，侵吞套出部分的差额款；任意扩大代偿金额，利用投保人提供的已加盖投保人公章的空白《代偿通知书》，在客户联和记账联填写不同的代偿金额，再分别开出支票，纳入自己的小金库；还有的与投保人、鉴定机构或中介机构恶意串通，伪造、变造证明材料，骗取代偿金；还有的存在倒签单代偿、蓄意置换被担保人、向投保人支付超额代偿款后收取返还等现象。

2. 手续费支付混乱

有的公司为了招揽业务，蓄意提高手续费标准，未按照签订的担保代理协议比例，超额支付手续费，或向中介代理机构、网点或经办人员支付合作协议规定的手续费之外的其他费用；或者将超标准的手续费以开假发票的形式在业务及管理费中列支；以净保费入账（坐支担保费）方式支付手续费；借代理名义违规支付手续费套取资金；手续费在其他费用项目中列支；重复计提手续费；工资、奖金、福利费及其他费用在手续费支出中列支。有的公司内部业务人员收来的保费也提取手续费，一方面作为职工的奖金，一方面作为业务招待费；有的公司打擦边球，没有依据真实的代理业务支付手续费，将一部分直保业务归至代理业务，自展业务和代办业务都提手续费，只是计提手续费的自展业务控制在总业务量的“灵活”比例之内。还有的公司将应付给代理人或代理单位的手续费截留，供自己单位使用；还有的未使用担保中介服务统一发票支付代理手续费，未按规定开具公司保费发票；手续费二次分配；向不符合代理资质的机构（如政府机构或其他掌握客户资源的单位）或个人支付代理手续费；以现金方式向担保代理机构、担保兼业代理人、担保经纪机构支付手续费。

3. 费用超支、成本不实

有的公司钱已经花了，但当时没有费用指标就采用压发票、不入账等方式，待批准费用指标，再入账反映。各项费用串户使用，逃避相关财务指标的约束。比如，将超标准的业务招待费转为会议费，职工福利费转入劳动保护费。虚增费用、套取现金购置账外资产；业务及管理费各明细科目使用不规范，手续费、业务及管理费混列，为代理人报销办公费用、业务费用、房租等，并在业务及管理费用中列支。印花税作为一个小税种，往往不能引起足够的关注，个别公司账簿没有贴印花税票，没有在印花税票上画线等。成本反映不实，该计提的不提，该折旧的不折旧，该计入成本的不计成本，而计入其他项目，不真实地反映成本，使担保的效益指标失真。

（三）利用虚拟资产调节利润

有些公司利用虚拟资产作为费用的“蓄水池”，随意确认计入当期损益的时点，以达到调节利润的目的。比如将本期应计入当期损益的费用转入“长期待摊费用”；对待处理流动资产损溢、待处理固定资产损溢、长期无法收回的应收保费、长期投资损失、重大或有负债等损失迟迟不做处理，在虚增资产的同时虚增了公司的利润。还有些上市公司为提升当期的经营业绩，都不愿处理不良资产账户的金额，使其长时间挂在账上。有时上市公司甚至通过潜亏挂账将原本属于当期费用记入上述各类账户中留待以后处理，造成大量不良资产挂在账上，使得公司资产出现“虚胖”，利润水分大。

（四）操纵应计项目

利润操纵可通过操纵各种应计项目来实现，比如应收保费不入账或少入账，来逃避担保责任，减少营业税等相关税金；对超过规定期限的贷款仍通过应收利息挂账，形成虚假收入和虚假利润；利用“其他应收款”进行违规操作或利润操纵。

（五）通过责任准备金的调整控制利润

提取责任准备金的准确度如何，直接关系到担保公司损益计算的准确性。因为提取的准备金与公司盈利之间存在一种此增彼减的关系。提取的准备金太低，这等于低估负债，高估盈利，导致公司现金通过税收和红利、奖金等方式流出公司，给投保人造成一种繁荣的假象；相反，如果提取的准备金太高，可以起到避税效应，这对投保人来说可能是一件好事，但是这会降低公司盈利，降低对股东的吸引力，从长期来看也不利于公司的发展。因此，提取适当的准备金有利于平衡公司、股东与投保人的关系。但由于担保责任准备金的提取有较强的预计性，某些公司通过随意改变担保责任准备金的提取方法来调整利润。比如，在代偿高的年份，通过减少准备金的提取数以确保利润；在代偿低的年份，通过增加准备金的提取数以稳定利润。

（六）通过不恰当的比例计提资产减值准备

理论上讲，只要有会计估计存在，就不可避免地存在秘密准备。公司有可能出于达到操纵利润的目的，滥用谨慎性原则，制造虚假会计信息，任意提取资产减值准备。目前，计提资产减值准备已成为担保公司操控盈亏的“利器”。虽然现行会计准则对于准备的计提有了原则性规定，但计提与否以及比例的确定都由公司自行根据情况确定，这在客观上为公司利润操纵提供了一定的空间，因为同一经济事项，会计人员可能有若干种可供选择的方法，做出不同的估计，必然使会计信息失去真实性。有些公司滥用这一规定，在预计资产损失和计提减值准备时，无视公司资产的实际情况，具有很强的目的性和倾向性：一方面，通过少提资产减值准备掩盖风险，虚增利润；另一方面，通过多提资产减值准备减少利润或加大亏损，从而达到操控利润的目的。

（七）通过非经常性损益操纵利润

与担保业务没有直接关系的非经常损益，也成为某些公司用来“保利”的救命稻草。其主要方式有：

1. 其他业务利润

其他业务利润是从主营业务以外的营业活动中取得的。其金额一般小于主营业务利润。但有些公司其他业务利润在利润总额中所占的比例日趋上升，其他业务利润正成为一些公司利润操纵的重要手段，如通过处置固定资产、无形资产、抵债资产来提高利润。

2. 调整以前年度损益

“以前年度损益调整”这个科目反映的是公司调整以前年度损益事项而对本年利润的影响额。一些公司也因此而“置之死地而后生”，例如当出现业绩严重滑坡，对以前的科目进行不必要的调整或清理，达到调增利润的目的。

3. 补贴收入

某些担保公司往往运用“看得见的手”要求财政补贴，也因此得到巨额补贴而实现了扭亏目标。

二、担保公司会计信息披露的充分性考察

目前我国担保公司披露的担保信息量小、涉及面窄，担保信息的发布主要依靠政府和担保公司的自愿行为，这就无法保证投资人、投保人等相关利益方在选择担保公司时了解到较为详细科学的信息。这主要表现在：

（一）缺乏所有者权益变动表

目前担保公司财务报表体系主要包括三表一注，即资产负债表、利润表、现金流量表、会计报表附注，没有所有者权益变动表，无法满足投资者对会计信息日益增长的需要。

（二）会计报表附注披露内容和方法极其简单

会计报表附注几乎没有，即使有的公司有会计报表附注，也只是简单的几项，比如业务量、资金总额、机构人员情况，税金缴纳情况等，而责任准备金计提情况、会计政策、或有业务、关联方交易等重大事项均未予披露，定量的信息、预测性信息根本就没有。

（三）偿付能力信息披露不规范

某些公司责任准备金计提的方法不准确，大大降低了偿付能力信息的真实性；资本结构披露不充分，只披露资本总额，没有披露资本的构成以及所有者基本情况。

（四）公司治理结构和内部控制信息含量不高

某些公司对公司治理的信息披露多为原则性的陈述，泛泛而谈，而不能够坦然揭示公司治理存在的实质性问题。比如，在披露独立董事履行职责情况时，对独立董事及重大事项发表了什么意见等情况语焉不详，对股东的权利和义务、股东大会的职权、股东大会议事规则、董事会职权、董事会议事规则等公司治理信息的披露不太详细；对公司治理实际状况与制度之间差异的解释说明很不充分；对内部控制完整性、合理性和有效性的说明不予以披露。

（五）财务信息与非财务信息的比例存在严重失调

长期以来，我国担保业的信息披露过于偏重担保公司的财务信息披露，而对投资者决策密切相关的非财务信息和政策面信息，如公司核心能力、管理当局对公司信息的分析评价、背景信息、社会责任、人力资源等信息披露较少。在这种披露模式下，可能出现的结果是对信息接受方的误导。从长远来看，如果对信息披露不及时加以规范和约束，则会影响中国担保市场的发展。

三、担保公司会计信息披露的渠道、时间和频率分析

2013 年 11 月 3 日，中国广东省佛山市融资担保服务及非融资担保服务与财务顾问服务公司——中国集成金融集团在港交所正式挂牌，成为内地首家登陆香港资本市场的民营金融集团，也是内地首家登陆资本市场的融资担保公司。2014 年 6 月 19 日瀚华金控正式挂牌，成为继集成金融之后的第二家赴港上市的民营担保公司。两家担保公司的成功上市，提升了担保行业的地位和持续发展能力，但通过对这两家上市公司会计信息披露考察，发现存在以下不足之处：

（1）信息披露的频率不够。两家上市公司在网上只提供了 1 年的年报，没有提供季报和月报，并且所提供的年度报告过于简单，无法对担保行业的发展趋势进行分析。这种状况不利于投资者及时、全面地了解担保公司的财务状况，评估担保公司的风险分布，据以作出有效的决策。

（2）信息披露的直接性不强。两家公司都没有将要披露的报告置于网站的首页，这样给初次上网查找信息的人造成了诸多不便，这也从一个侧面反映出我国担保上市公司的经营管理者还是没有充分认识到信息披露对其他利益相关者的重要意义。其实将要披露的信息置于网页的显著位置，对担保公司来说并没有影响，但对社会公众则意义深远。

（3）信息披露的形式单一。两家公司全部使用下载阅读的方式，提供了详细的信息。但是，对于那些缺乏耐性和会计知识的人来说，报告往往过于繁琐。所以，担保上市公司既应当通过网上直接浏览（HTML 格式）方式提供简洁的财务报告，也应当通过下载阅读方式提供详细的信息披露，以适应不同的社会公众。

四、担保公司会计信息披露的主动性考察

长期以来，担保界对信息披露存在一种误解，认为担保是经营风险的高负债经营机构，这些风险信息的披露，会影响公司甚至整个社会的安全和稳定，因此，对信息披露产生一种害怕和回避的心理，不愿让投保人、投资者和社会公众知道本身存在的暗点；还有些公司把信息披露看成是一种额外的负担，甚至还有人把信息披露看成是泄漏公司商业机密的行为，而不是把它看成是在市场经济下，公司应该承担的一种义务和投资者、投保人等应该获得的一种权利，因而往往不是主动地去披露有关信息，而是抱着能少披露就少披露，甚至不披露的观点，在信息披露上处于一种被动应付的局面。在信息披露时对有利

事项披露较多，对不利事项披露较少或根本不披露；强制性信息披露较多，自愿性信息披露较少；对取得的成绩夸张渲染，而对存在的问题则力求遮掩甚至没有。比如，不同的担保公司有不同的经营战略，他们会根据需要有选择地披露有利于公司发展的信息，并采用有利于公司的披露方式。这种信息披露，已成为公司经营战略的一个组成部分，目的是促进公司发展而不是引进公共监督。

第三节 完善担保公司会计信息披露的对策

一、改进财务会计报告信息披露方式

（一）增加所有者（股东）权益变动表

担保公司作为一种公众公司，如何面向市场规范披露相关信息是其必须履行的一项强制性义务。特别对于上市后的担保公司来讲，其投资者对此会计信息的需求越来越大。因为作为投资者，除了需要了解公司一般经营成果与财务状况以外，他们更关心公司财务状况中所有者权益的结构，这些信息涉及投资者的切身利益。

（二）改进资产负债表列报方式

在资产负债表中，鉴于担保行业的金融特征，应改变目前按流动性分类的方式，将资产按交易目的区分为金融资产和非金融资产，负债按属性可分为金融负债和非金融负债。增加金融工具、投资性房地产等信息披露，将衍生金融工具纳入表内核算。

（三）改进利润表列报方式

在利润表中，应不再区分担保业务利润和其他业务利润，而是以营业收入减去营业支出直接列示营业利润，因为在市场经济中公司经营日益多元化，主营业务与其他业务的界限逐渐模糊，按大类列示，删繁就简，更加务实。营业收

入中应单独列示已赚保费，使担保费收入信息更为真实、可靠。投资收益不再作为营业利润的一部分，而应直接作为营业收入，与担保费收入平起平坐，突出投资业务的重要性。不再确认追偿款收入，在确认代位追偿时冲减赔付支出。增加资产减值损失、公允价值变动收益等项目，以反映公司资产的质量与资产价值变动对公司损益的影响。此外，在利润表中应引入每股收益、综合收益披露要求。

（四）改进再担保业务列报方式

为了体现权责发生制，分出公司不应当将再担保合同形成的资产与有关原担保合同形成的负债相互抵销，不应当将再担保合同形成的收入或费用与有关原担保合同形成的费用或收入相互抵销。担保准备金不得以分保后的净额列报，担保费收入不得以扣除分出保费后的净额列报，担保合同费用不得以扣除摊回分保费用后的净额列报，担保合同赔付成本不得以扣除摊回赔付支出后的净额列报等，再担保合同形成的上述资产、负债、收入和费用应单独列示。因为，无论是否能从再担保接受人处摊回，再担保分出人对投保人都应该承担全部的责任，因此，再担保分出人通常没有权利将应从再担保接受人收取的金额与应支付给直接投保人的金额相抵销。总额列报可以更清楚地说明再担保分出人享有的权利和承担的义务，以及相关的收益和费用。

二、加强会计信息披露的规范化建设

为了强化市场约束的作用，提高担保运行透明度，必须加强对担保业所披露的信息内容的监督，同时拓宽信息渠道，促进担保业信息披露的真实性、充分性和完整性。考虑到我国担保业发展的现状，在我国担保业的会计信息披露中，会计报表应处于核心地位，在此基础上产生附注，再加上公司治理结构、偿付能力、风险及风险管理、公司背景、社会责任等其他非财务信息，构成完整的信息披露体系。

（一）会计报表

作为综合反映公司财务状况和经营成果的会计报表是了解信息披露的主要内容。担保公司向外提供的会计报表包括资产负债表、利润表、现金流量表、所有者权益（股东权益）变动表。其格式见表5－1、表5－2、表5－3、表5－4、表5－5：

表 5－1

资 产 负 债 表

编制单位：　　　　　　　　　　年　　月　　日　　　　　　　　　　单位：元

资　产	期末余额	年初余额	负债和所有者权益（或股东权益）	期末余额	年初余额
资产：			负债：		
货币资金			短期借款		
拆出资金			拆入资金		
交易性金融资产			交易性金融负债		
衍生金融资产			衍生金融负债		
买入返售金融资产			卖出回购金融资产款		
应收利息			预收保费		
应收保费			应付手续费及佣金		
应收代位追偿款			应付分保账款		
应收分保账款			应付职工薪酬		
应收分保未到期责任准备金			应交税费		
应收分保担保赔偿准备金			应付赔付款		
贷款			未到期责任准备金		
定期存款			担保赔偿准备金		
可供出售金融资产			长期借款		
持有至到期投资			应付债券		
长期股权投资			其中：优先股		
存出资本保证金			永续债		
投资性房地产			递延所得税负债		
固定资产			其他负债		
无形资产			负债合计		
递延所得税资产			所有者权益(或股东权益)：		
其他资产			实收资本（或股本）		
			其他权益工具		
			其中：优先股		
			永续债		
			资本公积		
			担保扶持基金		
			减：库存股		
			盈余公积		
			一般风险准备		
			未分配利润		
			所有者权益（或股东权益）合计		
资产总计			负债及所有者权益（或股东权益）总计		

表5－2 利 润 表

编制单位： 年 月 单位：元

项 目	本期金额	上期金额
一、营业收入		
已赚保费		
担保业务收入		
其中：分保费收入		
减：分出保费		
提取未到期责任准备金		
投资收益（损失以“—”号填列）		
其中：对联营企业和合营企业的投资收益		
公允价值变动收益（损失以“—”号填列）		
汇兑收益（损失以“—”号填列）		
其他业务收入		
二、营业支出		
退保金		
赔付支出		
减：摊回赔付支出		
提取担保赔偿准备金		
减：摊回担保赔偿准备金		
分保费用		
营业税金及附加		
手续费及佣金支出		
业务及管理费		
减：摊回分保费用		
其他业务成本		
资产减值损失		
三、营业利润（亏损以“—”号填列）		
加：营业外收入		
减：营业外支出		
四、利润总额（亏损总额以“—”号填列）		
减：所得税费用		
五、净利润（净亏损以“—”号填列）		
六、每股收益		
（一）基本每股收益		
（二）稀释每股收益		
七、其他综合收益		
八、综合收益总额		

表 5－3

现金流量表

编制单位： 年 月 单位：元

项 目	本期金额	上期金额
一、经营活动产生的现金流量		
收到原担保合同保费取得的现金		
收到再担保业务现金净额		
收到其他与经营活动有关的现金		
经营活动现金流入小计		
支付原担保合同赔付款项的现金		
支付手续费及佣金的现金		
支付给职工以及为职工支付的现金		
支付的各项税费		
支付其他与经营活动有关的现金		
经营活动现金流出小计		
经营活动产生的现金流量净额		
二、投资活动产生的现金流量		
收回投资收到的现金		
取得投资收益收到的现金		
收到其他与投资活动有关的现金		
投资活动现金流入小计		
投资支付的现金		
贷款净增加额		
购置固定资产、无形资产和其他长期资产支付的现金		
支付其他与投资活动有关的现金		
投资活动现金流出小计		
投资活动产生的现金流量净额		
三、筹资活动产生的现金流量		
吸收投资所收到的现金		
发行债券收到的现金		
收到其他与筹资活动有关的现金		
筹资活动现金流入小计		
偿还债务支付的现金		
分配股利、利润或偿付利息支付的现金		
支付其他与筹资活动有关的现金		
筹资活动现金流出小计		
筹资活动产生的现金流量净额		
四、汇率变动对现金及现金等价物的影响		
五、现金及现金等价物净增加额		
加：期初现金及现金等价物余额		
六、期末现金及现金等价物余额		

表 5－4 现金流量表补充资料

补充资料	本期金额	上期金额
1. 将净利润调节为经营活动现金流量：		
净利润		
加：资产减值准备		
提取未到期责任准备金		
提取担保赔偿准备金		
固定资产折旧		
无形资产摊销		
长期待摊费用摊销		
处置固定资产、无形资产和其他长期资产的损失（收益以“－”号填列）		
固定资产报废损失（收益以“－”号填列）		
公允价值变动损失（收益以“－”号填列）		
利息支出（收入以“－”号填列）		
投资损失（收益以“－”号填列）		
递延所得税资产减少（增加以“－”号填列）		
递延所得税负债增加（减少以“－”号填列）		
存货的减少（增加以“－”号填列）		
经营性应收项目的减少（增加以“－”号填列）		
经营性应付项目的增加（减少以“－”号填列）		
其他		
经营活动产生的现金流量净额		
2. 不涉及现金收支的重大投资和筹资活动：		
债务转为资本		
一年内到期的可转换公司债券		
融资租入固定资产		
3. 现金及现金等价物净变动情况：		
现金的期末余额		
减：现金的期初余额		
加：现金等价物的期末余额		
减：现金等价物的期初余额		
现金及现金等价物净增加额		

表 5－5

所有者权益变动表

编制单位：　　　　　　　　　　　　年度　　　　　　　　　　　　单位：元

项目	本年金额										上年金额									
	实收资本（或股本）	其他权益工具			资本公积	减：库存股	盈余公积	一般风险准备	未分配利润	所有者权益合计	实收资本（或股本）	其他权益工具			资本公积	减：库存股	盈余公积	一般风险准备	未分配利润	所有者权益合计
		优先股	永续债	其他								优先股	永续债	其他						
一、上年年末余额																				
加：会计政策变更																				
前期差错更正																				
二、本年年初余额																				
三、本年增减变动金额（减少以“－”号填列）																				
（一）净利润																				
（二）直接计入所有者权益的利得和损失																				
1. 可供出售金融资产公允价值变动净额																				
（1）计入所有者权益的金额																				
（2）转入当期损益的金额																				
2. 现金流量套期工具公允价值变动净额																				
（1）计入所有者权益的金额																				
（2）转入当期损益的金额																				
（3）计入被套期项目初始确认金额中的金额																				
3. 权益法下被投资单位其他所有者权益变动的影响																				

续表

项目	本年金额										上年金额									
	实收资本（或股本）	其他权益工具			资本公积	减：库存股	盈余公积	一般风险准备	未分配利润	所有者权益合计	实收资本（或股本）	其他权益工具			资本公积	减：库存股	盈余公积	一般风险准备	未分配利润	所有者权益合计
		优先股	永续债	其他								优先股	永续债	其他						
4. 与计入所有者权益项目相关的所得税影响																				
5. 其他																				
上述（一）和（二）小计																				
（三）所有者权益投入和减少资本																				
1. 所有者投入的普通股																				
2. 其他权益工具持有者投入资本																				
3. 股份支付计入所有者权益的金额																				
4. 其他																				
（四）利润分配																				
1. 提取盈余公积																				
2. 提取一般风险准备																				
3. 对所有者（或股东）的分配																				
4. 其他																				
（五）所有者权益内部结转																				
1. 资本公积转增资本（或股本）																				
2. 盈余公积转增资本（或股本）																				
3. 盈余公积弥补亏损																				
4. 一般风险准备弥补亏损																				
5. 其他																				
四、本年年末余额																				

注：对政策性担保公司，“本年金额”栏和“上年金额”栏所有者权益各组成部分，应增设“担保扶持基金”栏。

（二）会计报表附注

附注是对资产负债表、利润表、现金流量表和所有者权益变动表等报表中列示项目的文字描述或明细资料，以及对未能在这些报表中列示项目的说明等。其目的是在不影响报表清晰性的前提下，披露那些报表本身不能说明或不能详细说明的信息，对会计报表起补充、说明和解释的作用。

附注应当披露财务报表的编制基础，相关信息应当与资产负债表、利润表、现金流量表和所有者权益变动表等报表中列示的项目相互参照。

附注是财务报表的重要组成部分。附注一般应当按照下列顺序披露有关内容：

1. 担保公司的基本情况

（1）公司注册地、组织形式和总部地址。

（2）公司的业务性质和主要经营活动。

（3）母公司以及集团最终母公司的名称。

（4）财务报告的批准报出者和财务报告批准报出日。

2. 财务报表的编制基础

3. 遵循企业会计准则的声明

公司应当声明编制的财务报表符合企业会计准则的要求，真实、完整地反映公司的财务状况、经营成果和现金流量等相关信息。

4. 重要会计政策和会计估计

公司应当披露采用的重要会计政策和会计估计，不重要的会计政策和会计估计可以不披露。在披露重要会计政策和会计估计时，应当披露重要会计政策的确定依据和财务报表项目的计量基础，以及会计估计中所采用的关键假设和不确定因素。

5. 会计政策和会计估计变更以及差错更正的说明

公司应当按照《企业会计准则第 28 号——会计政策、会计估计变更和差错更正》及其应用指南的规定，披露会计政策和会计估计变更及其差错更正的有关情况。

6. 报表重要项目的说明

公司对报表重要项目的说明，应当按照资产负债表、利润表、现金流量表、所有者权益变动表及其项目列示的顺序，采用文字和数字描述相结合的方式进行披露。报表重要项目的明细金额合计，应当与报表项目金额相衔接。

（1）应收保费账龄结构的披露格式如表5－6所示。

表5－6

账　　龄	期末账面余额	年初账面余额
3个月以内（含3个月）		
3个月至1年（含1年）		
1年以上		
合　　计		

（2）应收代位追偿款披露格式如表5－7所示。

表5－7

账　　龄	期末账面余额	年初账面余额
1个月以内（含1个月）		
1个月至3个月（含3个月）		
3个月至1年（含1年）		
1年以上		
合　　计		

金额重大代位追偿款产生的原因和未确认的理由。

（3）定期存款的披露格式如表5－8所示。

表5－8

到期期限	期末账面余额	年初账面余额
1个月至3个月（含3个月）		
3个月至1年（含1年）		
1年至2年（含2年）		
2年至3年（含3年）		
3年至4年（含4年）		
4年至5年（含5年）		
5年以上		
合　　计		

债券投资到期期限结构，比照上述格式披露。

（4）存出保证金的披露格式如表5－9所示。

表5－9

项　　目	期末账面余额	年初账面余额
存出交易保证金		
存出理赔保证金		
存出分保保证金		
合　　计		

（5）其他资产的披露格式如表5－10所示。

表5－10

项　　目	期末账面余额	年初账面余额
应收股利		
损余物资		
抵债资产		
……		
其他		
合　　计		

注：损余物资产生的原因、所处置损余物资的账面价值，实现的损益，应同时予以披露。

（6）担保合同准备金

①担保合同准备金增减变动情况的披露格式如表5－11所示。

表5－11

项　　目	年初账面余额	本期增加额	本期减少额				期末账面余额
			赔付款项	提前解除	其他	合计	
未到期责任准备金							
原担保合同							
再担保合同							
担保赔偿准备金							
原担保合同							
再担保合同							
合计							

②担保合同准备金未到期期限的披露格式如表 5 - 12 所示。

表 5 - 12

项　目	期末账面余额		年初账面余额	
	1 年以下（含 1 年）	1 年以上	1 年以下（含 1 年）	1 年以上
未到期责任准备金				
原担保合同				
再担保合同				
担保赔偿准备金				
原担保合同				
再担保合同				
合　计				

③原担保合同担保赔偿准备金的披露格式如表 5 - 13 所示。

表 5 - 13

担保赔偿准备金	期末账面余额	年初账面余额
代偿准备金		
理赔费用准备金		
合　计		

（7）存入保证金的披露格式如表 5 - 14 所示。

表 5 - 14

项　目	期末账面余额	年初账面余额
存入担保保证金		
存入理赔保证金		
存入分保保证金		
存入营销员保证金		
合　计		

（8）代管担保基金的披露格式如表 5 - 15 所示。

表 5 - 15

	上年数	本年数
一. 期初代管担保基金金额		
其中：××单位		
……		
二、本期增加担保金额		
其中：××单位		
……		
三、本期使用代管担保基金金额		
其中：××单位		
……		
四、本期退还代管担保基金金额		
其中：××单位		
……		
五、期末代管担保基金金额		
其中：××单位		
……		

（9）其他负债的披露格式如表 5 - 16 所示。

表 5 - 16

项　目	期末账面余额	年初账面余额
应付利息		
……		
合　计		

（10）担保扶持基金的披露格式如表 5 - 17 所示。

表 5 - 17

项　目	期末账面余额	年初账面余额
……		
合　计		

（11）发行的优先股、永续债等金融工具的披露格式如表5－18、表5－19、表5－20所示。

表5－18 期末发行在外的优先股、永续债等金融工具情况表

发行在外的金融工具	发行时间	会计分类	股利率或利息率	发行价格	数量	金额	到期日或续期情况	转股条件	转换情况
工具1									
工具2									
工具3									
……									
合计									

说明：i. “会计分类”栏应填写“金融负债”、“权益工具”或“复合金融工具”等，对于整体指定以公允价值计量且其变动计入当期损益的金融负债，在“会计分类”栏中只需注明“整体指定”即可。

ii. “转股条件”栏应当披露合同中是否包含强制转股、自愿转股等条款。

iii. “金额”栏以发行价格乘以发行数量填列。

①条款披露

i. 工具1的主要条款说明：

包括本金是否可赎回，公司是否有权自主决定股利或利息支付政策，是否可转换为普通股以及发行合同关于转股价格或数量的约定等其他影响该类工具会计分类的重要特征。

ii. 工具2的主要条款说明：

如果公司受特定监管规则约束，还需披露该金融工具是否被相关监管部门认定为合格的监管资本以及对本公司监管资本水平的影响。

表5－19 发行在外的优先股、永续债等金融工具变动情况表

发行在外的金融工具	年初		本期增加		本期减少		期末	
	数量	账面价值	数量	账面价值	数量	账面价值	数量	账面价值
工具1								
工具2								
工具3								
……								
合计								

②发行方应披露股利（或利息）的设定机制。如果发行方发行的分类为权益工具的金融工具为累积的，即发行方当期未分配的股利或利息可累积至以后期间分配的，应当在财务报表附注中披露累积未分配的股利；如果发行方发行的其他权益工具为可参与剩余利润分配的，即可与普通股股东一起参加剩余利润分配的，应当披露可参与分配的事实及分配的方法等信息。

③发行方应当披露如表5－20所示的归属于权益工具持有者的相关信息，披露格式见表5－20。

表5－20

项　　目	年初数/本期数	期末数/上期数
1. 归属于母公司所有者的权益（股东权益）		
（1）归属于母公司普通股持有者的权益		
（2）归属于母公司其他权益持有者的权益 其中：净利润		
综合收益总额		
当期已分配股利		
累积未分配股利		
2. 归属于少数股东的权益		
（1）归属于普通股少数股东的权益		
（2）归属于少数股东其他权益工具持有者的权益		

（12）公司应当分别原担保合同和再担保合同披露提取未到期责任准备金的本期发生额和上期发生额。

（13）赔付支出

①赔付支出按担保合同列示的披露格式如表5－21所示。

表5－21

项　　目	本期发生额	上期发生额
原担保合同		
再担保合同		
合　　计		

②赔付支出按内容列示的披露格式如表5－22所示。

表 5－22

项　　目	本期发生额	上期发生额
短期担保业务		
长期担保业务		
……		
合　　计		

（14）提取担保赔偿准备金

①提取担保赔偿准备金按担保合同列示的披露格式如表 5－23 所示。

表 5－23

项　　目	本期发生额	上期发生额
原担保合同		
再担保合同		
合　　计		

②提取原担保合同担保赔偿准备金按构成内容列示的披露格式如下：

提取担保赔偿准备金	本期发生额	上期发生额
代偿准备金		
理赔费用准备金		
合　　计		

（15）摊回担保赔偿准备金的披露格式如表 5－24 所示。

表 5－24

项　　目	本期发生额	上期发生额
短期担保业务		
长期担保业务		
合　　计		

（16）分部报告

①主要报告格式是分部的披露格式如表 5－25 所示。

表 5 – 25

项　目	××业务		××业务		……	其他		抵销		合计	
	本期	上期	本期	上期		本期	上期	本期	上期	本期	上期
一、营业收入											
二、营业费用											
三、营业利润（亏损）											
四、资产总额											
五、补充信息											
1. 折旧和摊销费用											
2. 资本性支出											
3. 折旧和摊销以外的非现金费用											

注：主要报告形式是地区分部的，比照业务分部格式进行披露。

②在主要报告形式的基础上，对于次要报告形式，公司还应披露对外交易收入、分部资产总额。

（17）担保业务的种类及其余额，担保余额变动表的披露格式如表 5 – 26 所示。

表 5 – 26

项　目	上年数	本年数
一、期初担保余额		
其中：短期担保余额		
长期担保余额		
二、本期增加担保金额		
其中：短期担保金额		
长期担保金额		
三、本期解除担保金额		
其中：短期担保金额		
长期担保金额		
四、期末在保余额		
其中：短期担保余额		
长期担保余额		
其中：一年内到期的长期担保余额		

（18）除以上项目以外的其他项目。

7. 或有事项

或有事项是指过去的交易或者事项形成的，其结果须由某些未来事项的发生或不发生才能决定的不确定事项。按照《企业会计准则第 13 号——或有事项》第十四条和第十五条的相关规定进行披露。公司应当在附注中披露与或有事项有关的下列信息：

（1）预计负债。在资产负债表中，因或有事项而确认的负债（预计负债）应与其他负债项目区别开来，单独反映。同时，为了使报表使用者获得充分、详细的有关或有事项的信息，公司应在会计报表附注中披露以下内容：

①预计负债的种类、形成原因以及经济利益流出不确定性的说明。

②各类预计负债的期初、期末余额和本期变动情况。

③与预计负债有关的预期补偿金额和本期已确认的预期补偿金额。

（2）或有负债。或有负债无论是潜在义务还是现实义务，均不符合负债的确认条件，因而不予确认。但是，除非或有负债极小可能导致经济利益流出公司，否则公司应在会计报表附注中披露以下内容：

①或有负债的种类及其形成原因，包括未决诉讼、未决仲裁等形成的或有负债。

②经济利益流出不确定性的说明。

③或有负债预计产生的财务影响，以及获得补偿的可能性；无法预计的，应当说明原因。

值得注意的是，在涉及未决诉讼、未决仲裁的情况下，如果披露全部或部分信息预期对公司造成重大不利影响的，公司无须披露这些信息，但应当披露该未决诉讼、未决仲裁的性质，以及没有披露这些信息的事实和原因。

（3）或有资产。或有资产作为一种潜在资产，不符合资产确认的条件，因而不予确认。公司通常不应当披露或有资产。但或有资产很可能会给公司带来经济利益的，应当披露其形成的原因、预计产生的财务影响等。担保公司或有资产是指在核保评估的基础上，签订正式反担保合同的反担保资产。或有资产是担保机构一笔重要的衍生金融资产，可以反映担保风险的控制程度，应作为重点项目在表外反映。它包括反担保物价值和反担保权利价值，对于反担保物价值，按评估价或市价确定（市价法、贴现法、重置法），对于反担保权利价值，按反担保人自有资产或净资产和风险系数评定，

8. 资产负债表日后事项

资产负债表日后事项，是指资产负债表日至财务报告批准报出日之间发生的有利或不利事项。资产负债表日是指会计年度末和会计中期期末。财务报告批准报出日，是指董事会或类似机构批准财务报告报出的日期。

资产负债表日后事项包括资产负债表日后调整事项和资产负债表日后非调整事项。

（1）资产负债表日后调整事项。资产负债表日后调整事项是指对资产负债表日已经存在的情况提供了新的或进一步证据的事项。公司发生的资产负债表日后调整事项，通常包括下列各项：

①资产负债表日后诉讼案件结案，法院判决证实了公司在资产负债表日已经存在现时义务，需要调整原先确认的与该诉讼案件相关的预计负债，或确认一项新负债。

②资产负债表日后取得确凿证据，表明某项资产在资产负债表日发生了减值或者需要调整该项资产原先确认的减值金额。

③资产负债表日后进一步确定了资产负债表日前购入资产的成本或售出资产的收入。

④资产负债表日后发现了财务报表舞弊或差错。

公司发生的资产负债表日后调整事项，应当调整资产负债表日的财务报表。

（2）资产负债表日后非调整事项。资产负债表日后非调整事项是指表明资产负债表日后发生的情况的事项。公司发生的资产负债表日后非调整事项，通常包括下列各项：

①资产负债表日后发生重大诉讼、仲裁、承诺。

②资产负债表日后资产价格、税收政策、外汇汇率发生重大变化。

③资产负债表日后因自然灾害导致资产发生重大损失。

④资产负债表日后发行股票和债券以及其他巨额举债。

⑤资产负债表日后资本公积转增资本。

⑥资产负债表日后发生巨额亏损。

⑦资产负债表日后发生企业合并或处置子公司。

⑧公司利润分配方案中拟分配的以及经审议批准宣告发放的股利或利润。

资产负债表日后非调整事项与资产负债表日存在状况无关，不应当调整资产负债表日的财务报表。但有的非调整事项对财务报告使用者具有重大影响，如不加以说明，将不利于财务报告使用者做出正确估计和决策，因此，应在附注中加以披露。披露的主要信息有：

①财务报告的批准报出者和财务报告批准报出日。按照有关法律、行政法规等规定，公司所有者或其他方面有权对报出的财务报告进行修改的，应当披露这一情况。

②每项重要的资产负债表日后非调整事项的性质、内容，及其对财务状况和经营成果的影响。无法作出估计的，应当说明原因。

9. 关联方关系及其交易

公司财务报表中应当披露所有关联方关系及其交易的相关信息。对外提供合并财务报表的，对于已经包括在合并范围内各公司之间的交易不予披露，但应当披露与合并范围外各关联方的关系及其交易。

①本公司的母公司有关信息披露格式如表 5－27 所示。

表 5－27

母公司名称	注册地	业务性质	注册资本

母公司不是本公司最终控制方的，说明最终控制方名称。

母公司和最终控制方均不对外提供财务报表的，说明母公司之上与其最相近的对外提供财务报表的母公司名称。

②母公司对本公司的持股比例和表决权比例。

③本公司的子公司有关会计信息披露格式如表 5－28 所示。

表 5－28

子公司名称	注册地	业务性质	注册资本	本公司合计持股比例	本公司合计享有的表决权比例
1.					
……					

④本公司的合营企业有关会计信息披露格式如表 5－29 所示。

表 5－29

被投资单位名称	注册地	业务性质	注册资本	本公司持股比例	本公司在被投资单位表决权比例	期末资产总额	期末负债总额	本期营业收入总额	本期净利润
1.									
……									

注：有联营企业的，比照合营企业进行披露。

⑤本公司与关联方发生交易的，分别说明各关联方的性质、交易类型及交易要素。交易要素至少应当包括：交易的金额；未结算项目的金额、条款和条件以及有关提供和取得担保的信息；未结算应收项目的坏账准备金额；定价政策。

10. 风险管理

(1) 担保风险

①风险管理的目标和减轻风险的政策

i. 管理资产负债的技术，包括保持偿付能力的方法等。

ii. 选择和接受可承保风险的政策，包括确定可接受风险的范围和水平等。

iii. 评估和监控担保风险的方法，包括内部风险计量模式、敏感性分析等。

iiii. 限制和转移担保风险的方法，包括共同担保、再担保等。

②担保风险的类型

i. 担保风险的内容。

ii. 减轻担保风险的因素及程度，报告再担保风险等。

iii. 可能引起现金流量发生变动的因素。

③担保风险集中度

i. 担保风险集中的业务。

ii. 担保风险集中的地域。

④不考虑分出业务的索赔进展信息的披露格式如表 5－30 所示。

表 5－30

项　　目	前四年	前三年	前二年	前一年	本年	合计
本年末累计赔付款项估计额						
一年后累计赔付款项估计额						
二年后累计赔付款项估计额						
三年后累计赔付款项估计额						
四年后累计赔付款项估计额						
累计赔付款项估计额						
累计支付的赔付款项						
以前期间调整额						
尚未支付的赔付款项						

扣出分保业务后的索赔进展信息，比照上述的不考虑分出业务的索赔进展信息的格式进行披露。

⑤与担保合同有关的重大假设

A. 重大假设，包括赔付率、退保率、投资收益等。

B. 对假设具有重大影响的数据的来源。

C. 假设变动的影响及敏感性分析。

D. 影响假设不确定性的事项和程度。

E. 不同假设之间的关系。

F. 描述过去经验和当前情况。

G. 假设与可观察的市场假设或其他公开信息的符合程度。

（2）除担保风险以外的其他风险。

（三）其他财务信息

在科技高度发达的新经济时代，每项经济决策不仅要依据财务信息，而且要依据非财务信息。担保公司披露非财务信息对担保信息的用户而言，弥补了现行财务报告信息的不足之处，有助于其进行正确的决策。而且有些非财务信息尽管难以准确地以货币量化，但却关乎企业发展潜质，如公司治理、偿付能力状况、员工素质、公司的组织结构、产品的市场占有率及竞争对手情况等。在有些情况下，这些非财务信息对于决策者而言要比财务信息更为重要。担保公司的年度报告除了披露公司财务数据和业务数据等财务信息外，还需要披露以下非财务信息：

1. 公司治理结构信息

对中国证券监督管理委员会来说，担保公司首次公开发行股票编制招股说明书时应增加有关内部控制充分性和有效性说明的内容，担保公司还应委托所聘请的会计师事务所对其内部控制制度及风险管理系统的完整性、合理性和有效性进行评价，提出改进建议，并以内部控制评价报告的形式作出报告。内部控制评价报告随招股说明书一并呈报中国证券监督管理委员会。所聘请的会计师事务所指出以上三性存在严重缺陷的，担保公司应予披露，并说明准备采取的改进措施。另外，担保公司在季度、半年度、年度报告中应披露公司治理信息，对董事、监事和高管人员的薪酬应披露到人。担保监管部门应充实公司治理信息的披露内容，增加披露关联方交易和性质、薪酬计划、内部控制等内容。担保公司董事会应当每年向中国保监会提交内控评估报告、风险评估报告和合规报告。

2. 偿付能力信息

偿付能力在担保经营中占有举足轻重的地位，是公司赖以生存并维持持续性经营的重要条件，更是维护被担保人利益的基本保证。担保公司应披露偿付能力信息，比如关于实际资本的披露，包括期末和期初的股权结构及报告期间的股权结构变动；期末前十大所有者及持股情况，包括所有者基本情况，所持股份的类别、数量，所持股份状态，所有者之间的关联方关系；股权转让情况，包括转让时间、转让双方名称、转让股份数量或出资额、转让价格等。担保公司担保费收入居前十位的担保产品的明细信息，包括担保费收入、销售时间等。

3. 风险及风险管理信息

担保公司向投保人出售的是一纸对投保人未来可能的损失予以赔偿或给付的信用承诺。因此，担保经营中风险管理显得尤为突出。风险及风险管理信息主要包括：担保风险的内容；减轻担保风险的因素及程度，包括再担保等；可能引起现金流量发生变动的因素；担保风险集中的业务类型；管理资产的技术；选择和接受可承保风险的政策；评估和监控担保风险的方法；限制和转移担保风险的方法，包括共同担保、再担保等。

4. 社会责任信息

虽然担保行业的特点决定了其对环境的影响不会太大，但是，担保公司作为公众公司，涉及社会生活的方方面面，其经营成功与否不仅取决于其财务状况的优劣和盈利能力的大小，还取决于其在社会公众心目中的形象好坏。担保公司对扩大就业范围、维护职工权益、参与社会活动与保护资源和环境负有社会责任，担保公司只有通过社会效益的实现才能更好地实现其经济效益。社会责任信息包括担保公司对职工的社会责任，如职工的劳动报酬和集体福利、健康安全保护和就业保障等信息；担保公司对社会的贡献，如担保公司对文化、教育、艺术的赞助和捐赠等信息；担保公司对生态环境维护的社会责任。

5. 公司背景信息

世界资本市场的经验数据显示，公司背景信息的披露与上市公司的价值高度相关的。积极的背景信息可以吸收投资者的注意，增加公司股票的市场价值，也能为上市公司的进一步融资带来很大的便利，而且上市公司披露的背景信息常常被信用评级机构引用，其评级结果又会间接地影响上市公司的市场价值。公司背景信息一般包括：公司经营业绩信息，如市场份额、用户满意程度、新产品开发与服务；有关股东和主要管理人员信息；公司核心能力；管理当局对公司信息的分析；资产范围与内容；主要竞争对手；公司发展目标；公司所处行业的发展方向；公司在市场竞争中的主要优势和劣势；各分支机构的分布状况，包括总公司、分公司数量（分别介绍一、二级分公司数量）及分布地区；主要担保产品的市场占有情况；自身展业制度、代理及营销人员及网络，以及担保代理人制度、担保代理人数等。

6. 人力资源信息

随着担保业的跨越式发展，担保主体日益增多，担保人才供不应求，因此，目前担保市场上引发了一场人才竞争。在市场经济时代，担保公司发展的动力主要来自一流的人才。财务会计报告应恰当的揭示对担保公司成功经营起关键作用的人力资源信息及其潜在的巨大收益，以合理体现担保公司价值。

三、构建科学的财务指标体系

（一）反映业务能力的指标

1. 放大倍数

放大倍数是担保总额与资本金总额的比率，其计算公式为：

放大倍数 = 担保总额 ÷ 资本金总额

资本金也即净资产或所有者权益，放大倍数越大，给定资本金下的担保规模就越大，担保公司承担的风险也就相应越大。《暂行办法》规定，担保公司对单个被担保人提供的融资性担保责任余额不得超过净资产的10%，对单个被担保人及其关联方提供的融资性担保责任余额不得超过净资产的15%，对单个被担保人债券发行提供的担保责任余额不得超过净资产的30%。融资性担保公司的融资性担保责任余额不得超过其净资产的10倍。

2. 担保费率

担保费率是担保费用与担保金额的比率，其计算公式为：

担保费率 = 担保费用 ÷ 担保金额

本指标反映担保公司向被担保人收取费用的标准。担保费率越大，说明担保费用收入越高；担保费率越小，则说明担保费用收费越低。

3. 担保责任率

担保责任率是具有代位补偿责任的担保金额与在保债务总额的比率，其计算公式为：

担保责任率 = 具有代位补偿责任的担保金额 ÷ 在保债务总额

本指标也称为担保范围，指担保公司对被担保人担保债务所负代位偿付的责任率。为了充分体现被担保人与担保公司风险共担的原则，担保公司对被担保的债务总额通常不负全额代位代偿的责任，而仅仅只负部分代位代偿的责任。

（二）反映偿债能力的指标

1. 流动比率

流动比率是流动资产与流动负债的比率，其计算公式为：

流动比率 = 流动资产 ÷ 流动负债

本指标用于反映公司短期偿债能力，比值越高，资产流动性越强。从理论上讲该指标等于 1 即可，表示 1 元的流动资产正好可以偿还 1 元的流动负债。但是由于流动资产在变现过程中存在一些不确定性因素，比如应收保费、应收代位追偿款、应收利息、拆出资金等在一年内有可能收不回来，因此该指标应大于 1。如果比值大于或等于 1 时，说明公司可以用其短期资产偿还短期负债；小于 1 时，说明公司的短期资产不足以偿还短期负债，需要通过变卖长期资产或借款等形式偿还短期负债。

2. 现金比率

现金比率是现金与现金等价物对流动负债的比率，其计算公式为：

现金比率 = （现金 + 现金等价物） ÷ 流动负债

现金包括库存现金和银行存款。所谓现金等价物，通常的解释是公司持有的期限短、流动性强、易于转换为已知金额的现金和价值变动风险很小的投资。现金是流动资产中变现能力最强的资产，它可以说具有百分之百的变现能力。因而，现金比率是衡量短期偿付能力最可信指标。现金比率越高，短期债权人的债务风险就越小。但是，如果这个指标很高，也不一定是好事，可能反映公司不善于利用现有现金资源，没有把现金进行投资以赚取更多的收益。

3. 资产负债率

资产负债率是负债总额与资产总额的比率，其计算公式为：

资产负债率 = 负债总额 ÷ 资产总额 × 100%

本指标用来以反映担保公司资产负债比例关系，说明总资产中有多大比例是通过负债来筹集的，也用来衡量担保公司在清算时保护债权人利益的程度。

4. 负债经营率

负债经营率是负债与所有者权益的比率，其计算公式为：

负债经营率 = 负债 ÷ 所有者权益 ×100%

负债经营率又称产权比率，反映由债权人提供的资本与投资者或股东提供的资本的对应关系，用以衡量担保公司的基本财务结构是否稳定，表明债权人投入的资本受到股东权益保障的程度。

5. 固定资本比率

固定资本比率是固定资产净值和在建工程余额之和与净资产的比率，其计算公式为：

固定资本比率 = （固定资产净值 + 在建工程余额） ÷ 净资产 ×100%

本指标主要监测担保公司固定资产占资本金的比重，旨在控制担保公司实物资本比例。固定资产具有周转速度慢、变现能力差、风险大等特点。如果固定资产比重过高，将影响资本的流动性。一般来说，固定资产净值和在建工程余额之和占净资产的比重最高不得超过50%，以保证担保公司的净资产有较高的流动性和变现能力。

（三）反映资产质量的指标

1. 应收保费率

应收保费率是应收保费余额与保费收入的比率，其计算公式为：

应收保费率 = 本期应收保费余额 ÷ 本期保费收入 ×100%

本指标主要反映担保公司本期担保费收入中有多少保费尚未收回，如果应收保费率较高，则影响担保公司的现金流量及财务稳定性。因此，该比率一般应控制在规定标准内。

2. 不良资产比率

不良资产比率是不良资产平均余额与资产平均余额的比率，其计算公式为：

不良资产比率 = 本期不良资产平均余额 ÷ 总资产平均余额 ×100%

不良资产包括应收保费坏账、应收利息坏账、应收代位追偿款中的不良资产、其他各类应收款中的不良资产、债券投资的不良资产、股票投资中的不良资产、贷款中的不良资产、向企业投资中的不良资产、不动产投资中不良资产以及其他不良资产。

3. 应收保费周转率（或应收保费周转天数）

应收保费周转率也为应收保费周转次数，它是保费收入与应收保费平均余额的比率，反映应收保费在一定期间内周转了几次，其计算公式为：

应收保费周转率 = 保费收入 ÷ 应收保费平均余额

应收保费周转天数是指应收保费平均每周转一次所需要的天数，其计算公式为：

应收保费周转天数 = 360 ÷ 应收保费周转率

= 应收保费平均余额 × 360 ÷ 保费收入

从资产管理角度看，越早收回保费越好。所以可以用应收保费周转率及应收保费周转天数来评判担保公司资产管理的效率。

应收保费周转次数和应收保费周转天数指标从不同的角度反映了公司应收保费的流动性强弱。一般而言，应收保费周转次数越多，亦即应收保费周转天数越短，表明公司在应收保费上占用的资金越少，应收保费转化成现金的效率越高，体现出公司的应收保费管理质量越高。

4. 资金运用率

本指标反映担保公司是否将应运用的担保资金全部进行运用，有无占用应运用资金进行固定资产投资等行为。其计算公式为：

资金运用率 = 资金运用总额 ÷ 应运用资金总额 × 100%

应运用资金主要是指各项准备金。虽然担保公司可运用资金中还包括所有者权益中的现金及其他借入资金，但各项准备金是担保公司对保单持有人的负债，这部分负债应该以能产生收益的资产形式存在，必须增值。本指标值应大于100%。如果资金运用率低于100%，说明应增值部分资金被占用于未增值的项目，例如固定资产等，如果资金运用率大于100%，说明所有者权益中现金或其他负债参与了资金运用，这是允许的。

（四）反映成本控制能力的指标

1. 赔付率

赔付率是一定时期的赔付支出与已赚保费的比率，其计算公式为：

赔付率 =（赔付支出 − 摊回赔付成本）÷ 已赚保费 × 100%

本指标主要反映担保公司赔付支出状况，该指标越低越好。指标低，说明担保公司代偿率低、支付赔款少，从而效益好。

2. 代位补偿率（代偿率）

代位补偿率是一定时期的应收代位追偿款与在保债务平均余额的比率，其计算公式为：

代偿率 = 应收代位追偿款 ÷ 在保债务平均余额 × 100%

本指标反映在保债务的风险程度，代偿率越高，则在保债务补偿的可能性越大，反之则越小。

3. 追偿率

追偿率是一定时期的收回的追偿款与应收代位追偿款平均余额的比率，其计算公式为：

追偿率 = 追偿款 ÷ 应收代位追偿款平均余额 × 100%

本指标反映担保公司在发生代位补偿后，能够从被担保人收回的追偿金额，从而避免担保损失的程度，同时，也在一定程度上反映了被担保人的财务状况。追偿率越高，则担保公司所受的担保损失越小，反之则越大。

追偿率和追偿损失率的关系如下：

追偿损失率 = 1 − 追偿率 × 100%

4. 反担保率

反担保率是一定时期的具有反担保措施的担保债务总额与担保债务总额的比率，其计算公式为：

反担保率 = 具有反担保措施的担保债务总额 ÷ 担保债务总额 × 100%

本指标衡量某时点上担保公司提供担保中要求提供反担保措施的金额比例。反担保率越高，担保公司在追偿时收回追偿收入的可能性就越大，担保的风险也就越低；反之，反担保率越低，担保风险越高。

5. 风险保证金率

风险保证金率是一定时期被担保企业交纳的风险保证金金额和担保债务总额的比率，其计算公式为：

风险保证金率 = 交纳的风险保证金金额 ÷ 担保债务总额 × 100%

为了降低担保风险，减少担保公损失，在接受担保时，一般要求被担保企业交纳一定的风险保证金。由于风险保证金可以充抵代位追偿损失，所以风险保证金率越高，担保的风险就越低，反之亦然。

6. 退保率

本指标反映长期担保业务退保状况，其计算公式为：

退保率 = 退保金支出 ÷（期初担保赔偿准备金余额 + 当期保费收入）×100%

在长期担保业务中，退保合同的退保金一般比责任准备金要少，即担保人通过处理退保可以获得由此产生的营业利润。孤立地看，退保越高则利润越高。但退保产生的后续结果并不仅仅限于退保本身，它还会在经营上产生连锁反应，比如发生退保可能造成保户对担保业务的逆选择、费用上的亏损、虚假利润，影响担保公司业务的正常经营。因此，退保率指标不宜过高。退保率过高，说明担保公司业务不稳定。

7. 费用率

费用率是一定时期内的业务及管理费与已赚保费的比率，其计算公式为：

费用率 =（业务及管理费 - 摊回分保费用）÷已赚保费 ×100%

本指标反映担保公司为取得已赚保费而付出的费用，它可用来衡量担保公司费用的管理水平。该指标越低，说明担保公司费用的管理水平越好。

（五）反映盈利能力的指标

1. 营业利润率

本指标反映每 1 元的已赚保费所带来的营业利润的多少，其计算公式为：

营业利润率 = 营业利润 ÷ 已赚保费 ×100%

由于营业利润中包含投资效益、利息收入、公允价值变动收益。因此，该指标不仅能体现担保公司的承保效益，而且可以体现担保公司的投资效益。一般来说，该指标值一般应大于 0。

2. 利润率

利润率反映担保公司每 1 元的营业收入所带来的净利润的多少，表明营业收入的收益水平。其计算公式为：

利润率 = 净利润 ÷ 营业收入 ×100%

营业收入不仅包括保费收入，而且包括投资收益等收入，它更能综合的反映公司所获得的收入创造利润的水平。从利润率的指标关系来看，净利润与利润率成正比例关系，而营业收入额与利润率成反比例关系。若担保公司在增加营业收入额的同时，必须相应地获得更多的净利润，才能使利润率保持不变或有所提高。通过分析利润率的指标的变动，可以促使担保公司在取得营业收入的同时，注意改进经营管理，提高盈利水平。

3. 净资产利润率

净资产利润率又称权益报酬率，是用来说明担保公司的净利润同资产净值的关系，其计算公式为：

净资产利润率 = 净利润 ÷ 资产净值平均余额 × 100%

式中资产净值是指资产减负债的差额，也即净资产或所有者权益，表明担保公司运用投资者投入的资本创造利润的能力。另外，该指标还可以用来衡量担保公司负债资金成本高低。一般来说，担保公司的净资产利润率越高越好。净资产利润率如果高于同期银行利率，则适度负债对投资者来说是有利的；反之，如果净资产利润率低于同期银行利率，则过高的负债率将损害投资者的利益。

4. 资产利润率

资产利润率表明担保公司运用全部资产创造利润的能力，它综合反映了担保公司资产的利用效果，其计算公式为：

资产利润率 = 净利润 ÷ 资产平均余额 × 100%

公司的资产是由投资者投入和举债形成的，净利润的多少与公司资产的多少、资产的结构、资产的营运状况有着密切的关系。

5. 基本每股收益

基本每股收益又称为每股净收益、每股盈余或每股税后利润，是指在某个会计年度内平均每股普通股获得的收益，反映了股东原始投资的获利水平，即股东原始投资对公司本期利润的要求权，它会直接影响到股票市价，适合于担保上市公司，其计算公式为：

基本每股收益 =（净利润 - 优先股股息）÷ 发行在外的普通股加权平均数股数

在诸多指标中，基本每股收益是一个颇受人们关注的指标，也是最具隐蔽性的比率之一，受到投资者和潜在投资者及其他利益相关者的极大重视。基本每股收益可以认为是一家上市公司管理效率、盈利能力和股利分配来源的显示器，各个公司之间的业绩差异可以用每股净收益来解释，因此基本每股收益是投资者进行投资决策的重要依据，通常在各上市公司之间的业绩比较中广泛运用。

6. 稀释每股收益

本指标是对基本每股收益进行稀释后的每股利润。其计算公式为：

稀释每股收益 = （净利润 - 优先股股息） ÷ （发行在外的普通股加权平均

数股数 + 普通股当量)

担保公司除了发行普通股以外，还可发行潜在普通股。潜在普通股是指可能赋予其持有者享有普通股权利的一种金融工具或其他合约。潜在普通股的包括：(1) 可转换成普通股的债务或权益工具，包括优先股；(2) 认股证或认股选择权，是指赋予其持有者拥有购买普通股权利的合同；(3) 允许员工取得普通股作为其一部分酬劳的员工计划和其他股份购买计划；(4) 一旦满足合同协议中的特定条件（如购买一个公司或其他资产）时将发行的股份。

如果公司发行以上具有潜在盈利的有价证券，按照约定，这些有价证券有权于适当的时机转换成普通股或借以购买普通股，计算基本每股收益指标时应当充分考虑这些证券对基本每股收益降低的可能性，这时，应对基本每股收益指标进行稀释。计算稀释每股收益时，普通股股数为在计算基本每股收益时的股份加权平均数加上普通股当量。普通股当量又称约当普通股，也就是全部具稀释性潜在普通股转换成普通股时将发行的普通股的加权平均数量。具稀释性潜在普通股应视为已在当期期初或潜在普通股发行日转换成普通股。因为约当普通股具有分享净利润的权利，所以它具有与相关的普通股相同的市场价值。因此，在存在潜在普通股公司，计算每股收益指标时应考虑这些因素。这里值得注意的是只有当潜在普通股转换成普通股会减少每股持续正常经营净利润时，潜在普通股才能视为具有稀释性。

（六）反映资金运用效益的指标

1. 资金运用收益率

本指标主要反映担保公司资金运用效益状况，其计算公式为：

资金运用收益率 =（投资收益 + 利息收入 + 公允价值变动损益）÷ MAX（资金运用平均余额，各项责任准备金平均余额）× 100%

其中，MAX（……）为取括弧中较大的一项。

资金运用平均余额 =（年初资金运用余额与至 N 季末的各季资金运用余额之和）÷（N + 1）

各项责任准备金平均余额 =（年初各项责任准备金余额与至 N 季末的各季各项责任准备金余额之和）÷（N + 1）

2. 利息收入率

本指标主要反映担保公司资产生息状态。其计算公式为：

利息收入率 = 利息收入 ÷ （活期存款平均余额 + 买入返售金融资产平均余额 + 贷款平均余额 + 拆出资金平均余额 + 存出资本保证金平均余额） × 100%

其中利息收入不包括定期存款利息收入，利息收入的多少很大程度上受经济环境特别是利率风险的影响，因此，应结合宏观经济环境和利率政策来进行分析。

3. 投资收益率

本指标主要反映担保公司对外投资的效益，可以衡量投资组合的品质。其计算公式为：

投资收益率 = 投资收益 ÷ （交易性金融资产平均余额 + 定期存款平均余额 + 持有至到期投资平均余额 + 可供出售金融资产平均余额 + 长期股权投资平均余额） × 100%

在目前投资渠道尚未完全放开的情况下，这一比率所能够反映的信息还不够全面。一般认为，投资收益率应该高于银行同期存款利率。但对作为机构投资者的公司来说，应当高于资本市场的平均收益水平才是合理的。投资收益率是衡量担保公司偿付能力的比较重要的指标。

（七）反映收益质量的指标

1. 保费收现比率

本比率反映当年保费收入在当年收现程度，它是衡量承保质量的重要指标。其计算公式为：

保费收现比率 = 收到的现金保费 ÷ 保费收入

该指标等于或接近于1，说明本期收到的现金与本期发生的保费基本上一致，没有形成挂账，周转良好；该指标如果大于1，说明本期不仅收到了当期保费，而且还收回部分前期的应收保费；该指标如果小于1，说明账面收入高，变现收入低，挂账较多，公司必须关注应收保费的质量。

2. 利润变现比率

本指标主要反映公司经营活动现金净流量和净利润的差异，即担保公司利润品质的好坏。其计算公式为：

利润变现比率 = 经营活动现金净流量 ÷ 净利润

本比率说明公司每实现1元的账面利润中，实际有多少现金支撑。该指标数值越大，说明账面利润与现金流量的差异越少，利润的收现能力越强，资金的流动性和支付能力越强，公司的收益品质越好。通常，该比率应该大于 1；若远远小于 1，甚至为负值，则表明现金流量存在异常现象，公司收益可能存在严重的质量问题。

四、推行“404 项目”，完善内部控制制度

在《萨班斯法案》中，上市公司最为关注的焦点是出奇严苛的 404 条款，它特别强调了公司管理层对内部控制的评价责任，明确规定了管理层应承担设立和维持一个应有的内部控制结构的职责，要求上市公司在提交每份年度财务报告的同时，必须包括一份“内部控制报告”，该报告要明确指出公司管理层对建立和保持一套完整的、与财务报告相关的内部控制系统和程序所负有的责任，其内容包括：管理层对建立和维护与财务报表相关的内部控制充足的责任的声明；管理层对有关公司最近财务年度末与财务报表相关的内部控制有效性评估的声明；识别管理层用以评价有关财务报告相关内部控制有效性的框架的声明，以及外部审计师已就管理层的评估结果发表鉴证报告的声明。国内担保公司要完善内控首先要有合适、完整的财务系统来准确、及时地报告公司财务状况，其次要在操作风险控制上有整体的理解和认识，并制订出可行的控制方案，而另一个重要方面就是 IT 部门要与业务和财务部门协调合作。

第六章

担保公司会计信息现场检查技术

对担保公司会计信息进行现场检查是对担保公司实施监管的重要手段。会计信息是对担保公司财务状况、经营成果和现金流量的综合反映，在实务中，由于会计核算故意或过失产生的差错，导致会计信息缺乏真实性、完整性、及时性和充分性，使会计信息使用者无法作出正确的决策。通过对担保公司会计信息逐一检查，可以发现该项目是否存在，是否归被检查单位所有；是否违反有关法律法规和财务会计制度；增减变动的记录是否完整，有无遗漏；期末余额是否正确；披露是否恰当，从而采取相关对策，进行必要的调整和披露，还原真实的会计信息。

本章内容是按照资产类、负债类、所有者权益类、共同类、收入类、费用类分类，根据会计科目顺序设计制定的，详见表 6 - 1 至表 6 - 107[①]。

---

① 参见魏迎宁：《现场检查》，中国财政经济出版社 2005 年版，第 70—135 页；刘少君、郭大焕：《保险公司审计要领》，中国发展出版社 2005 年版，第 64—85 页。

第一节 资产项目的检查技术

表 6-1 库存现金检查表

内涵	担保公司的库存现金。
风险点	1. 超过库存限额未及时存入银行。 2. 对不属于现金开支范围和超过现金起点限制的未通过银行转账，比如用现金超额支付代偿款、手续费。 3. 现金保费由业务员或营销员代收，并长时间滞留在业务员或营销员手上，现金保费未及时解缴。 4. 将公司现金收入按个人储蓄方式存入银行、收入现金不开发票、保留账外公款。 5. 运用转账凭证或编造用途等手段套取现金、挪用担保费，套开票据、白条抵库。 6. 没有严格执行收支两条线的管理，“坐支”现金。 7. 未对库存现金进行逐日盘点。 8. 留存现金太多，资金闲置。
检查技术	1. 将现金日记账期末余额与总账余额核对是否相符。 2. 对照《现金管理暂行条例》逐一审核现金会计凭证。 3. 实地盘点库存现金，与现金日记账余额进行核对。若有白条抵库、未提现支票、未作报销的原始凭证，需在盘点表中注明并作调整。 4. 随机抽取单笔金额较大的现金收支原始凭证进行测试，检查内容是否完整，有无授权批准，并核对相关账户的进账情况。 5. 结合各项收入、费用明细账和会计凭证，对不符合财务会计制度规定的情况予以记录，如有必要应作调整或作为内部控制重大缺陷给予揭示。 6. 分析期末闲置现金余额特别大的原因。 6. 验明使用受限制或其他性质特殊的现金是否恰当披露。

表 6－2　银行存款检查表

内涵	担保公司存放在银行、邮政储蓄机构、农村信用社、证券公司、财务公司等金融机构以及登记结算公司的货币资金。包括活期存款和定期存款。活期存款包括三个月以内的存款和提前通知银行即可提取的通知存款、银行本票存款、银行汇票存款、信用卡存款、在途资金。定期存款包括三个月以上的存款、协议存款和结构性存款。
风险点	1. 假存、少存银行存款。 2. 大额付款的授权审批手续不符合规定。 3. 出租、出借银行账户。 4. 开设黑户，截留收入。 5. 未经上级机构授权批准存入定期存款，定期存款结构不合理。 6. 违规使用银行本票存款、银行汇票存款、信用卡。 7. 大额协议存款业务未经授权审批，单笔存款的金额、期限不符合有关规定，可能以协议存款的名义办理委托贷款业务。 8. 现金支票管理混乱，存在遗失现象或支票登记簿的记录与银行存款对账单不符。 9. 转账支票存根上所填银行账户与抬头非同一单位或在转账支票上不写抬头，为洗钱或其他不当款项转移提供工具。 10. 银行存款余额调节表编制不规范，以保单转移过程中资料不全、客户直接到银行缴费而公司不能及时获取详细信息为由，出现长期未达账项（有的长达数月乃至一年以上）。 11. 未达账项长期不调整，以调整利润或贪污、非法挪用。
检查技术	1. 将银行存款日记账期末余额与总账余额核对是否相符。 2. 将银行存款日记账与银行对账单核对，看其有无银行对账单一收一付账而银行存款日记账却无此记录。 3. 核对银行存款余额调节表，检查未达账项的真实性。 4. 抽取单笔金额较大或有疑问的银行存款收支原始凭证进行测试，必要时发函询证，检查内容是否完整，有无授权批准，是否混淆使用收支账户。 5. 结合各项收入、费用有关明细账审查收支业务的真实性。 6. 审查银行汇票、银行本票委托书，查明公司与收款单位是否有往来，是否及时办理结算，有无长期挂账而挪用汇票存款或侵占行为。 7. 将总账数字与上年进行比较，分析较大变化的原因。 8. 分析活期存款、定期存款各占比重和长短结构的合理性，优化选择存款种类及期限，确保资金能得到较大增值。 9. 对大额的定期存款或限定用途的存款查明情况，做出记录。 10. 验明银行存款的分类及披露内容是否恰当，定期存款是否在资产负债表中单独列示。

表 6-3　存出保证金检查表

内涵	担保公司开展承保业务按合同约定存出的保证金，包括存出交易保证金，即根据资金运用的需要存出的保证金；存出理赔保证金，即根据理赔代理人的需要存出的保证金；存出分保保证金，即分出分保业务再保险接受人按分保合同约定扣存的分保保证金。
风险点	1. 存出保证金未根据有关合同、协议及其他相关文件资料内容确认和记录，不存在或不属于担保公司所有。 2. 存出保证金的比例不符合规定。 3. 保证金的冲减数额与实际赔付支出数额不一致。 4. 分保业务未根据分保协议及其他有关文件资料内容确认和记录。 5. 存出保证金未及时收回或使用不符合规定的用途。 6. 擅自将保证金挪作他用。
检查技术	1. 取得或编制存出保证金明细表，并与明细账、总账、会计报表核对余额是否相符。 2. 审阅有关合同，看其用途是否正当，确认其业务性质及会计处理是否及时、正确。 3. 对重要的存出保证金业务进行函证。 4. 审核有无长期挂账的存出保证金事项，如有，查明原因，必要时作调整。 5. 结合应收分保账款、应付分保账款明细账并抽查有关分保合同，确认其会计处理是否及时、正确。

表 6-4　交易性金融资产检查表

内涵	担保公司持有的以公允价值计量且其变动计入当期损益的为交易目的所持有的债券投资、股票投资、基金投资、权证投资等金融资产。
风险点	1. 投资内容不符合有关法律制度或监管部门规定，比如投资的债券品种评级不符合规定；超范围投资未经规范的基金；购买禁止投资的股票品种。 2. 各项投资比例超过规定标准。 3. 交易性金融资产价值未按公允价值计量，公允价值变动未计入当期损益。 4. 没有将购买中包括的已宣告但尚未发放的现金股利或已到付息日但尚未领取的利息从投资成本中扣除。 5. 存在内幕交易，在不同性质的担保资金证券账户之间转移利润；采用非法手段融资购买股票、通过操纵证券价格获得不正当利益。 6. 与关联方发生的关联方交易，交易价格显失公允。 7. 交易性金融资产的增减变动未经过必要的审批和授权。

续表

检查技术	1. 取得或编制交易性金融资产明细表，并与明细账、总账、会计报表核对余额是否相符。 2. 审阅有关购入、售出有价证券的授权批准，将明细账与有关原始凭证与核对，判断是否一致。 3. 获取股票、债券账户对账单，与明细账余额核对，需要时，向证券登记公司等发函询证。 4. 查阅“交易性金融资产”、“应收股利”、“应收利息”明细账，检查交易性金融资产入账价值的正确性。 5. 盘存库存有价证券，并与相关账户余额进行核对，如有差异，应查明原因，并做出记录或进行适当调整。 6. 对在外保管的有价证券，查阅有关保管的证明文件，需要时，向保管人函证。 7. 随机抽取若干张交易性金融资产记账凭证，检查其原始凭证是否完整合法，会计处理是否正确。 8. 审查“交易性金融资产”、“投资收益”等明细账，复核与交易性金融资产有关的损益计算是否准确。 9. 查阅有关法律法规和监管制度，审查交易性金融资产投资内容及金额比例是否符合规定，是否取得并遵循担保监管部门的有关批复。 10. 将股票、债券、基金等交易性金融资产项目资产负债表日公允价值与其成本进行比较，判断其计价的合理性，若存在差异时，审查其会计处理的合理性。 11. 对于关联方交易，审查交易价格是否公允，会计处理是否恰当。

表 6-5　　买入返售金融资产检查表

内涵	担保公司证券回购业务按返售协议的约定先买入再按固定价格返售给卖出方的票据、证券、贷款等金融资产所融出的资产。
风险点	1. 买入返售金融资产未经过必要的审批和授权。 2. 投资内容及金额比例可能不符合有关法律制度或监管部门规定。 3. 买入返售金融资产计价及其损益计算不准确。 4. 买入返售金融资产记录不真实，以买入返售金融资产为名，借出资金。 5. 将未到兑付日的库存金融资产卖出，收回资金挪作他用，待金融资产兑付日期的数天内，再从别的地方购回，归还库存。
检查技术	1. 取得或编制买入返售金融资产明细表，并与明细账、总账、会计报表核对余额是否相符。 2. 查阅有关法律法规和监管制度，审查买入返售金融资产内容及金额比例是否符合规定。 3. 获取买入返售金融资产账户对账单，与明细账余额核对，需要时，向证券登记公司等发函询证。 4. 随机抽取若干张买入返售金融资产记账凭证，检查其原始凭证是否完整合法，会计处理是否正确。 5. 审查“买入返售金融资产”、“利息收入”等明细账，复核与买入返售金融资产有关的损益计算是否正确。 5. 盘点有价证券，判断其实有数与账面数是否相符，看有无买空卖空行为。

表 6－6　　应收保费检查表

内涵	担保公司原担保合同约定应向投保人收取但尚未收到的保险费。
风险点	1. 应收保费不入账，存在体外循环、账外经营。 2. 已实收保费并承担担保责任的保单虚挂应收，截留收入。 3. 未计提坏账准备。 4. 应收保费核销依据不充分，审批、授权等手续不健全。 5. 业务员催收到期的或临近到期的保单的担保费不交公司而入私囊或和保户私分。 6. 已核销又重新收回的应收保费入小金库。 7. 以代偿款抵应收保费。
检查技术	1. 取得或编制应收保费明细表，并与明细账、总账、会计报表核对余额是否相符。 2. 对应收保费进行函证，并编制"应收保费函证结果汇总表"，函证样本应重点选择账龄较长、年末余额较大、与债务人发生纠纷、余额为零或其他非正常项目，对回函金额不符的，应查明原因，做出记录，必要时作适当调整。 3. 有选择性地进行应收保费账龄分析，检查应收保费的可收回性，判断是否形成坏账及其比例和成因。 4. 结合应收利息、应收代位追偿款、其他应收款及预收保费等明细账余额，查明有否双方同时挂账的项目。 5. 将应收保费各月度、各年度发生额及余额进行横向对比，判断是否有异常波动，对变化较大的应分析原因，并进一步查证其发生的合理性。 6. 在应收保费明细表上标出至检查时已收回的应收保费金额，对已收回金额较大的款项进行常规检查，核对收款凭证、银行对账单，并注意凭证发生日期的合理性。 7. 结合担保单证、担保业务信息系统检查，取得出单流水号的起讫号码，匡算检查期间的业务规模，核实应收保费是否入账。 8. 结合担保费收入对会计年度初期和末期的业务发生情况核对保单、收款凭证及保费发票等原始单证，注意应收保费及担保费收入确认期间与担保责任开始生效时间是否一致，如有跨期事项，应作适当调整。 9. 询问并检查应收保费核销情况，获取核销应收保费的依据，检查审批、授权等手续是否齐全，核销应收保费的账务处理是否正确。

表 6－7 预付赔付款检查表

内涵	担保公司在理赔过程中按合同约定预付的款项，包括分入分保业务预付的现金赔付。
风险点	1. 在相应的担保合同没做出约定，或没有按约定内容支付。 2. 没有取得必要的原始凭证。 3. 预付赔付款手续不合规，没有遵循必要的审批、授权程序。 4. 预付金额超过规定标准。 5. 借赔款名义对外支付款项，列支非法支出，如扩大赔付、费用、购置固定资产。 6. 利用预付赔付款作为中转站往来搭桥，为他人进行非法结算，获取回扣或将转移资金予以贪污挪用、私设小金库。 7. 已经结案未能及时结转赔付支出，跨年度使用，甚至长期挂账。
检查技术	1. 获取或编制预付赔付款明细表，并与明细账、总账、会计报表核对余额是否相符。 2. 选择预付赔付款重要项目（包括零账户），函证其余额是否正确。并根据回函情况，编制“预付赔付款函证结果汇总表”。对未回函的，查阅原始凭证或期后结算情况检查预付赔付的真实性或出现坏账的可能性。 3. 对未发询证函的预付赔付款，应抽查有关原始凭证。 4. 抽查账面记录，并结合应付赔付款等明细账查核有无重复付款或将同一笔已付清的账款在预付赔付款、应付赔付款中同时挂账的情况。 5. 分析明细账余额，检查预付赔付款是否存在贷方余额。如有，应查明原因，必要时重新分类调整。 6. 将期末预付赔付款余额与上期期末余额进行比较，分析解释其波动原因；对大额异常项目进行调查。 7. 检查合同中有无约定预付赔付款的条款，预付赔付款的审批是否履行相关内控制度。 8. 检查相关代偿记录、代偿宗卷等相关凭证资料，核实交易事项的真实性。 9. 在预付赔付款明细表上标出截止查证日已结案的赔款数并冲销预付赔付款项目。 10. 抽查期后预付赔付款结转情况及原始凭证，检查预付赔付款是否长期挂账，重点关注跨年度挂账的预付赔付款是否存在异常情况，核实跨年度挂账原因，对不属于赔款性质的情况应作调整，如涉及虚构赔案等情况，应给予充分揭示。

表 6－8　预付分出保费检查表

内涵	超额赔款再担保业务中再担保分出人提前支付给再担保接受人的预付性质的分出保费。
风险点	1. 预付分出保费没有在相应的担保合同中做出约定，或虽然在合同中做出约定但没有按约定内容支付。 2. 预付分出保费没有取得必要的原始凭证和遵循必要的审批、授权等手续。 3. 预付分出保费超过规定标准。 4. 借预付分出保费对外支付款项，导致长期挂账不能及时结算。
检查技术	1. 获取或编制预付分出保费明细表，并与明细账、总账、会计报表核对余额是否相符。 2. 选择预付分出保费重要项目（包括零账户），函证其余额是否正确。 3. 根据回函情况，编制“预付分出保费函证结果汇总表”。对未回函的，查阅原始凭证或期后结算情况检查预付分出保费是否真实。 4. 注意结合应收分保账款、应付分保账款等明细账查核有无彼此挂账的情况。 5. 检查预付分出保费是否存在贷方余额。如有，应查明原因，必要时重新分类调整。 6. 对期末预付分出保费余额与上期期末余额进行比较，分析解释其波动原因；对大额异常项目进行调查。 7. 检查合同中有无约定预付分出保费的条款，预付分出保费的审批是否履行相关内控制度。 8. 抽查期后预付分出保费结转情况及原始凭证，核查交易事项的真实性。 9. 检查预付分出保费长期挂账的原因，重点关注跨年度挂账的预付分出保费是否存在异常情况，对不属于分保性质的情况应作调整，如涉及虚构情况，应给予充分揭示。

表 6－9　应收股利检查表

内涵	担保公司因股权投资应收的现金股利，以及在采用其他投资形式时应收被投资单位的利润。
风险点	1. 应收股利的计提依据不充分，金额计算不准确。 2. 已宣告发放尚未领取股利没有在应收股利中恰当的列示，分类不准确。 3. 应收股利无法收回，未计提坏账准备或未给予充分揭示。 4. 应收股利核销手续和会计处理不恰当。

续表

检查技术	1. 获取或编制应收股利明细表，并与明细账、总账、会计报表核对余额是否相符。 2. 将总账数字与上年进行比较，分析出现较大变化的原因。 3. 分析有贷方余额的项目，查明原因，必要时，重新分类调整。 4. 结合应收保费、应收利息、应收分保账款等其他应收账款明细账余额，查明有否双方同时挂账的项目，或有无不属于应收股利的其他应收账款，如有，应做出记录，必要时，重新分类调整。 5. 索取相应的股票投资等契约条款及其他有关文件资料，审查应收股利的内容是否为应收取的股利，计算金额是否准确。 6. 分析应收股利账龄及余额构成，对金额较大、账龄较长的项目进行函证，并编制“应收股利函证结果汇总表”，对回函金额不符的，应查明原因、做出记录，必要时作适当调整。 7. 检查应收股利账龄分析是否正确，判断是否形成坏账及其比例和成因。 8. 在应收股利明细表上标出至检查时已收回的应收股利金额，对已收回金额较大的款项进行常规检查，核对收款凭证、银行对账单，并注意凭证发生日期的合理性。

表 6-10　　应收利息检查表

内涵	担保公司交易性金融资产、持有至到期投资、可供出售金融资产、发放贷款、拆出资金、买入返售金融资产等应收取的利息。
风险点	1. 应收利息计提依据不充分，金额计算不准确。 2. 债券投资等已到付息日尚未领取的利息没有在应收利息中恰当的列示，分类不准确。 3. 应收利息无法收回，未计提坏账准备或未给予充分揭示。 4. 应收利息核销手续和会计处理不恰当。
检查技术	1. 获取或编制应收利息明细表，并与明细账、总账、会计报表核对余额是否相符。 2. 将总账数字与上年进行比较，分析出现较大变化的原因。 3. 分析有贷方余额的项目，查明原因，必要时，重新分类调整。 4. 结合应收保费、应收分保账款等其他应收账款明细账余额，查明有否双方同时挂账的项目，或有无不属于应收利息的其他应收账款，如有，应做出记录，必要时，重新分类调整。 5. 索取相应的债券投资等契约条款及其他有关文件资料，审查应收利息的内容是否为应收取的利息，计算金额是否准确。

续表

检查技术	6. 查阅担保公司资金运用方式，并编制资金运用方式明细表，检查担保公司应收利息的记录是否完整。 7. 分析应收利息账龄及余额构成，对金额较大、账龄较长的项目进行函证，并编制“应收利息函证结果汇总表”，对回函金额不符的，应查明原因、做出记录，必要时作适当调整。 8. 检查应收利息账龄分析是否正确，判断是否形成坏账及其比例和成因。 9. 在应收利息明细表上标出至检查时已收回的应收利息金额，对已收回金额较大的款项进行常规检查，核对收款凭证、银行对账单，并注意凭证发生日期的合理性。

表 6 – 11　　应收代位追偿款检查表

内涵	担保公司按照原担保合同约定承担赔付担保金责任后确认的代位追偿款。
风险点	1. 应收代位追偿款确认不符合标准，计算依据不充分。 2. 应收代位追偿款未在账内反映，截留收入。 3. 应收代位追偿款无法收回，未计提坏账准备或未给予充分揭示。 4. 应收代位追偿款核销手续和会计处理不恰当。 5. 利用应收代位追偿款掩盖费用超支真相。 6. 追偿款管理流程与授权制度不合规。
检查技术	1. 获取或编制应收代位追偿款明细表，并与明细账、总账、会计报表核对余额是否相符。 2. 将总账数字与上年作比较，分析发生较大变化的原因。 3. 分析有贷方余额的项目，查明原因，必要时作分类调整。 4. 结合应收保费、应收利息、应收分保账款等其他应收账款明细账余额，查验是否有同时挂账的项目，核算内容是否重复，必要时作出适当调整。 5. 判断选择金额较大，账龄较长或异常的明细账户余额发函询证，编制“应收代位追偿款函证结果汇总表”。对发出询证函未能收回及未发出的样本，查核下期明细账，追踪至应收代位追偿款发生时的原始凭证，特别注意是否存在抽逃资金、隐藏费用的现象。 6. 审核资产负债表日后的收款事项，检查有无未及时入账的债权。 7. 审查转作坏账损失项目是否符合规定，是否办妥审批手续。 8. 分析明细账户，对于长期未能收回的项目应查明原因，检查是否可能发生坏账损失。 9. 审核公司关于追偿款管理流程与授权的制度是否合规。 10. 取得公司法律部门与追偿事务相关的文书记录，审核公司是否将所有追偿款全部入账。 11. 对于股东及其他关联方挂账的项目，查明原因，检查是否出现抽逃资本金的现象。

表 6－12　　应收分保账款检查表

内涵	担保公司从事再担保业务应收取的款项。
风险点	1. 分保业务未根据分保协议及其他有关文件资料内容确认和记录，分保业务不存在或不属于担保公司所有。 2. 应收分保账款金额与分保账单不一致。 3. 应收分保账款未能定期收回。 4. 应收分保账款金额未记录在恰当的会计期间。 5. 应收分保账款可能出现坏账时，未按规定计提坏账准备。
检查技术	1. 获取或编制应收分保账款明细表，并与明细账、总账、会计报表核对余额是否相符。 2. 将总账数字与上年进行比较，分析发生较大变化的原因。 3. 检查应收分保账款是否按分保分出（入）人设置明细账。 4. 结合应收保费、应收利息等其他应收账款明细账余额，查明有否双方同时挂账的项目，或有无不属于分保业务的其他往来款，如有，应做出记录，必要时，重新分类调整。 5. 分析应收分保账款账龄及余额构成，选择金额较大，账龄较长或异常的明细账户余额进行函证，并编制“应收分保账款函证结果汇总表”，对回函金额不符的，应查明原因、做出记录，必要时作适当调整。 6. 在应收分保账款明细表上标出至检查时已收回的应收分保账款金额，对已收回金额较大的款项进行常规检查，核对收款凭证、银行对账单，并注意凭证发生日期的合理性。 7. 分析明细账户，对于长期未能收回的应收分保账款应查明原因，检查是否可能发生坏账损失。

表 6－13　　应收分保合同准备金检查表

内涵	再担保分出人从事再担保业务确认的应收分保未到期责任备金，以及应向再担保接受人摊回的担保赔偿准备金。
风险点	1. 分保业务未根据分保协议及其他有关文件资料内容确认和记录，可能不存在或不属于担保公司所有。 2. 确认应收分保未到期责任备金的会计期间与提取责任准备金的会计期间不一致。 3. 应收分保合同准备金未能定期收回。 4. 应收分保合同准备金可能出现坏账时，未按规定计提坏账准备。

续表

检查技术	1. 取得或编制应收分保合同准备金明细表，并与明细账、总账、会计报表核对余额是否相符。 2. 将总账数字与上年进行比较，分析发生较大变化的原因。 3. 检查应收分保合同准备金是否按分保分出（入）人设置明细账。 4. 结合应收保费、应收利息等其他应收账款明细账余额，查明有否双方同时挂账的项目，或有无不属于分保业务的其他往来款，如有，应做出记录，必要时，重新分类调整。 5. 分析应收分保合同准备金账龄及余额构成，选择金额较大，账龄较长或异常的明细账户余额进行函证，并编制“应收分保合同准备金函证结果汇总表”，对回函金额不符的，应查明原因、做出记录，必要时作适当调整。 6. 在应收分保合同准备金明细表上标出至检查时已收回的应收分保合同准备金金额，对已收回金额较大的款项进行常规检查，核对收款凭证、银行对账单，并注意凭证发生日期的合理性。 7. 抽取分出分保业务有关的合同，与提取未到期责任准备金明细账核对，复核应收分保合同准备金的性质、确认时间是否一致。 8. 分析明细账户，对于长期未能收回的应收分保合同准备金应查明原因，检查是否可能发生坏账损失。

表 6－14　　其他应收款检查表

内涵	担保公司除存出保证金、买入返售金融资产、应收保费、预付赔付款、应收股利、应收利息、应收代位追偿款、应收分保账款、应收分保合同准备金、长期应收款以外的其他各种应收、暂付款项，包括应收的担保损失补贴、拨出的备用金、应收的各种赔款、罚金、职工预借差旅费、应向职工收取的各种垫付款项、应向代理人收取的各种垫付款项以及其他应收、暂付的款项等。
风险点	1. 利用其他应收款调剂账内、账外资金，为小金库提供资金保障。 2. 利用其他应收款调节现金库存量。 3. 利用其他应收款进行应收保费挂账。 4. 利用其他应收款进行低值易耗品、在建工程、固定资产挂账，逃避固定资产和低值易耗品的规模管理。 5. 利用其他应收款进行代办业务往来挂账。 6. 利用其他应收款掩盖费用超支真相。 7. 利用其他应收款对保户，甚至外企业人员进行贷款，谋取不正当的利益。 8. 利用其他应收款核算零星、小额业务的特点，化整为零地处理违法业务，甚至故意造成“其他应收款”账户的串户、混乱，加大查处难度，达到谋取私利的目的。 9. 关联方利用“其他应收款”抽逃资本。

续表

检查技术	1. 获取或编制其他应收款明细表，并与明细账、总账、会计报表核对余额是否相符。 2. 将总账数字与上年进行比较，分析发生较大变化的原因。 3. 分析有贷方余额的项目，查明原因，必要时作分类调整。 4. 结合应收保费、应收利息、应收分保账款、低值易耗品、在建工程、固定资产、业务及管理费等明细账余额，查验是否有同时挂账的项目，核算内容是否重复，必要时做出适当调整。 5. 选择金额较大，账龄较长或异常的明细账户余额进行函证，编制“其他应收款函证结果汇总表”，对发出询证函未能收回及未发出的样本，查核下期明细账，或追踪至其他应收款发生时的原始凭证，特别注意是否存在抽逃资金、隐藏费用的现象。 6. 审核其他应收款的收款事项，检查有无未及时入账的债权。 7. 审查转作坏账损失项目是否符合规定，是否办妥审批手续。 8. 分析明细账户，对于长期未能收回的项目应查明原因，检查是否可能发生坏账损失。 9. 对于股东及其他关联方挂账的项目，查明原因，检查是否出现抽逃资本金的现象。

表 6－15　　坏账准备检查表

内涵	担保公司应收款项提取的坏账准备。
风险点	1. 没有按照会计准则规定计提坏账准备。 2. 坏账准备计提范围可能不完整，计提金额可能不充分。 3. 对已核销又重新收回的坏账入小金库。 4. 随意变更坏账准备计提和核销方法，调整利润。 5. 坏账损失确认不符合规定，审批程序不合理。
检查技术	1. 核对坏账准备明细账与总账余额是否相符。 2. 审阅会计报表附注，检查坏账准备的提取方法是否符合规定，计提的依据是否合理。 3. 查核坏账准备明细账，检查其计提方法是否前后保持一致。 4. 有选择地对提取的坏账准备进行复核计算，检查其所采用的计提比例是否符合规定，计算是否准确。 5. 抽查应收账款长期挂账至资产负债表日仍未收回的应收款项以及向债务人询证回函的例外事项和存在争端的余额，检查是否逐一提取坏账准备。 6. 获取提取坏账准备的相关资料及会计资料，确定是否是确实无法收回的应收款项，实际发生坏账损失是否符合有关规定，是否完成审批手续，会计处理是否正确。 7. 已经确认并转销的坏账重新收回，检查其会计处理是否正确。 8. 计算坏账准备账户余额占应收款项余额的比例，并与以前年度核对，判断有无大幅度波动，对波动幅度大的应查明原因，并采取相关对策。

表 6-16　　拆出资金检查表

内涵	担保公司按规定从事拆借业务而拆出资金的本金。
风险点	1. 拆出资金对象与范围违反资金运用法规制度的规定。 2. 不按规定程序审批办理。 3. 拆出资金无法按时足额收回。 4. 拆出时间超过规定标准。 5. 利息收入核算不准确。 6. 以拆出资金为名挪用资金。
检查技术	1. 获取或编制拆出资金明细表，并与明细账、总账、会计报表核对余额是否相符。 2. 查阅有关法律法规和监管制度，审查拆出资金对象与范围内容是否符合规定。 3. 取得董事会文件等资料，检查拆出资金是否取得必要的审批和授权。 4. 索取重要合同、协议进行相关检查，必要时进行函证。 5. 了解拆借单位的资信状况，对出现拆出资金逾期未还时，应到拆借单位进行核实。 6. 检查有无投资性质的拆出资金项目，如有，应作适当说明和调整。

表 6-17　　贷款检查表

内涵	担保公司按规定委托银行或其他金融机构向其他单位贷出的款项。
风险点	1. 贷款金额和贷款期限超过规定标准。 2. 贷款可能无法按时足额收回。 3. 不按规定程序审批办理。 4. 利息收入核算不准确。 5. 已发生减值的贷款未按规定结转。 6. 贷款的逾期情况的披露不符合会计准则的规定。 7. 以贷款的形式挪用资金。
检查技术	1. 获取或编制贷款明细表，并与明细账、总账、会计报表核对余额是否相符。 2. 索取重要合同、协议进行相关检查，必要时对大额借款客户进行函证。 3. 对贷款明细账中已发生减值的部分进行检查，以核实是否结转到“已减值”明细账。 4. 审核贷款发放是否符合相应担保合同规定的条件及金额比例等要求，是否履行必要的审批、授权程序，手续是否完备。 5. 检查有无投资性质的贷款项目，如有，应作适当说明和调整。 6. 对大额逾期的贷款到期未还的，应查明原因。

表 6－18 贷款损失准备检查表

内涵	公司贷款的减值准备，包括拆出资金、委托贷款计提的减值准备。
风险点	1. 没有按照会计准则规定计提贷款损失准备。 2. 贷款损失准备计提范围不完整，计提金额不充分。 3. 已核销又重新收回的贷款损失入小金库。 4. 随意变更计提和核销方法，调整利润。 5. 贷款损失确认不符合规定，审批程序不合理。
检查技术	1. 核对贷款损失准备明细账与总账余额是否相符。 2. 审阅会计报表附注，检查贷款损失准备的提取方法是否符合规定，计提的依据是否合理。 3. 查核贷款损失准备明细账，检查其计提方法是否前后保持一致。 4. 有选择地对提取的贷款损失准备进行复核计算，检查其所采用的计提比例是否符合规定，计算是否准确。 5. 抽查长期挂账至资产负债表日仍未收回的贷款以及向债务人询证回函的例外事项和存在争端的余额，检查是否逐一提取贷款损失准备。 6. 获取提取贷款损失准备的相关资料及会计资料，确定是否确实无法收回的贷款，实际发生呆账损失是否符合有关规定，是否完成审批手续，会计处理是否正确。 7. 已经确认并转销的呆账重新收回，检查其会计处理是否正确。 8. 计算贷款损失准备账户余额占贷款余额的比例，并与以前相关年度核对，判断有无大幅度波动，对波动幅度大的应查明原因，并采取相关对策。

表 6－19 低值易耗品检查表

内涵	担保公司不能作为固定资产的各种用具物品，如办公用品、物料用品、宣传用品、电子设备耗材、营销员奖励的礼品等。
风险点	1. 混淆低值易耗品和固定资产的界限。 2. 使用不符合规定，公购私用。 3. 验收、保管、发货、盘点、记账的职责不清。 4. 管理不严，低值易耗品短缺、霉烂、变质、毁损，无人处置，超储备造成浪费。 5. 不定期盘点，账实不符，不及时办理盘盈盘亏手续。 6. 随意改变计价方法，随意调节低值易耗品发出成本。 7. 捐赠低值易耗品形成账外资产。 8. 利用低值易耗品摊销的会计核算政策变化调整利润。

续表

检查技术	1. 获取或编制低值易耗品明细表，并与明细账、总账、会计报表核对余额是否相符。 2. 检查低值易耗品与固定资产的划分是否符合规定。 3. 检查低值易耗品的入库和领用的手续是否齐全。 4. 亲临现场观察低值易耗品盘点、监督盘点计划的执行，并作适当抽查。注意检查有无代他人保存的低值易耗品，有无未作账务处理而置于（或寄存）他处的低值易耗品。 5. 获取低值易耗品盘亏调整和损失处理记录，检查重大低值易耗品盘亏和损失的原因有无充分、合理的解释，其会计处理是否已经授权审批，是否正确及时入账。 6. 查阅资产负债表日前后若干天的低值易耗品增减变动的有关账簿记录和原始凭证，检查有无低值易耗品跨期现象。如有应做记录，必要时作适当调整。 7. 检查低值易耗品摊销方法是否正确，前后期是否一致。 8. 审核有无因毁损、遗失等原因不能继续使用导致长期挂账低值易耗品事项，如有，查明原因，必要时作调整。

表 6－20　　低值易耗品跌价准备检查表

内涵	担保公司低值易耗品的减值准备。
风险点	1. 计提方法不符合会计准则的有关规定。 2. 计提方法没有保持一贯性，变更计提方法没有充分披露原因和影响。 3. 计提依据不充分，金额不准确。 4. 不按规定转回已计提的低值易耗品跌价准备。 5. 随意变更低值易耗品跌价准备计提方法，调整利润。
检查技术	1. 核对低值易耗品跌价准备明细账与总账余额是否相符。 2. 了解低值易耗品跌价准备计提方法，获取可变现净值的有关资料并进行核对。 3. 按计提低值易耗品跌价准备的范围、标准测算已提跌价准备是否充分，并做出记录，必要时予以调整。 4. 抽查低值易耗品跌价准备增减变动的会计处理是否正确，并做出记录，必要时予以调整。 5. 计算低值易耗品跌价准备账户余额占低值易耗品余额的比例，并与以前相关年度核对，判断有无大幅度波动，对波动幅度大的应查明原因，并采取相关对策。

表 6－21 抵债资产检查表

内涵	担保公司因债务重组依法取得并准备按有关规定进行处置的抵债资产，包括低值易耗品、固定资产、无形资产、股权投资等。
风险点	1. 抵债资产确认不符合债务重组条件。 2. 抵债资产入库和核销的审批程序不合理。 3. 取得抵债资产的计价、核算不准确。 4. 抵债资产处置不合理，抵债资产转为自用未办理相应程序。 5. 抵债资产自用、处置未按规定进行账务处理。
检查技术	1. 获取或编制抵债资产明细表，并与明细账、总账、会计报表核对余额是否相符。 2. 检查抵债资产的确认是否符合规定。 3. 检查抵债资产的入库和核销的手续是否齐全，会计处理是否正确。 4. 检查抵债资产是否按公允价值计量。 5. 亲临现场观察抵债资产盘点、监督盘点计划的执行，并作适当抽查。注意检查有无代他人保存的抵债资产，有无未作账务处理而置于（或寄存）他处的抵债资产。 6. 获取抵债资产盘亏调整和损失处理记录，检查重大抵债资产盘亏和损失的原因有无充分、合理的解释，其会计处理是否已经授权审批，是否正确及时入账。 7. 审核有无因毁损、遗失等原因不能继续使用导致长期挂账抵债资产事项，如有，查明原因，必要时作调整。

表 6－22 抵债资产跌价准备检查表

内涵	担保公司抵债资产的减值准备。
风险点	1. 计提方法不符合会计准则的有关规定。 2. 计提方法没有保持一贯性，变更计提方法没有充分披露原因和影响。 3. 计提依据不充分，金额可能不准确。 4. 不按规定转回已计提的抵债资产跌价准备。 5. 随意变更抵债资产跌价准备计提方法，调整利润。 6. 抵债资产处置入小金库。
检查技术	1. 核对抵债资产跌价准备明细账与总账余额是否相符。 2. 了解抵债资产跌价准备计提方法，获取可变现净值的有关资料并进行核对。 3. 按计提抵债资产跌价准备的范围、标准测算已提跌价准备是否充分，并做出记录，必要时予以调整。 4. 抽查抵债资产跌价准备增减变动的会计处理是否正确，并做出记录，必要时予以调整。 5. 计算抵债资产跌价准备账户余额占抵债资产余额的比例，并与以前相关年度核对，判断有无大幅度波动，对波动幅度大的应查明原因，并采取相关对策。

表 6－23 **损余物资检查表**

内涵	担保公司代偿后收回的反担保抵押或质押物资。
风险点	1. 损余物资确认不符合条件。 2. 损余物资入库和核销的审批程序不合理。 3. 取得损余物资的计价、核算不准确。 4. 损余物资处置未按规定进行账务处理。 5. 损余物资处置入小金库。
检查技术	1. 获取或编制损余物资明细表，并与明细账、总账、会计报表核对余额是否相符。 2. 检查损余物资是否按公允价值计量。 3. 检查损余物资的入库和核销的手续是否齐全，会计处理是否正确。 4. 亲临现场观察损余物资盘点、监督盘点计划的执行，并作适当抽查。注意检查有无代他人保存、收回的理赔追偿物、理赔残值等损余物资，有无未作账务处理而置于（或寄存）他处的损余物资。 5. 获取损余物资盘亏调整和损失处理记录，检查重大损余物资盘亏和损失的原因有无充分、合理的解释，其会计处理是否已经授权审批，是否正确及时入账。 6. 审核有无因毁损、遗失等原因不能继续使用导致长期挂账损余物资事项，如有，查明原因，必要时作调整。

表 6－24 **损余物资跌价准备检查表**

内涵	担保公司损余物资的减值准备。
风险点	1. 计提方法不符合会计准则的有关规定。 2. 计提方法没有保持一贯性，变更计提方法没有充分披露原因和影响。 3. 计提依据不充分，金额可能不准确。 4. 不按规定转回已计提的损余物资跌价准备。 5. 随意变更损余物资跌价准备计提方法，调整利润。
检查技术	1. 核对损余物资跌价准备明细账与总账余额是否相符。 2. 了解损余物资跌价准备计提方法，获取可变现净值的有关资料并进行核对。 3. 按计提损余物资跌价准备的范围、标准测算已提减值准备是否充分，并做出记录，必要时予以调整。 4. 抽查损余物资跌价准备增减变动的会计处理是否正确，并做出记录，必要时予以调整。 5. 计算损余物资跌价准备账户余额占损余物资余额的比例，并与以前相关年度核对，判断有无大幅度波动，对波动幅度大的应查明原因，并采取相关对策。

表 6－25　持有至到期投资检查表

内涵	到期日固定、回收金额固定或可确定，且公司有明确意图和能力持有至到期的非衍生金融资产。
风险点	1. 持有至到期投资内容及金额比例不符合有关法律制度或监管部门规定。 2. 初始确认未按公允价值计量，其利息未在“应收利息”中列示。 3. 债券溢价折价摊销未按实际利率法，任意改变摊销期限和摊销方法。 4. 虚列持有至到期投资，以掩盖非法和违规支出、占用的资金。 5. 持有至到期投资不存在或不归被检查单位所有。 6. 持有至到期投资会计核算方法不符合会计准则规定。 7. 持有至到期投资交易没有完整记录。
检查技术	1. 获取或编制持有至到期投资明细表，并与明细账、总账、会计报表核对余额是否相符。 2. 检查持有至到期投资是否符合投资合同、协议的规定，会计处理是否正确，重大投资项目是否有公司的决议。 3. 检查年度内持有至到期投资增减变动的原始凭证，对于增加和减少的项的项目要追索变动的原因及其有无授权批准手续。 4. 监盘库存债券等，取得盘点表，核对其所有权及金额。若库存债券等为已提供质押或受到其他约束的，应取证（或函证），提请公司作适当披露。 5. 检查持有至到期投资的溢价或折价是否按照有关规定摊销转账。 6. 检查投资收益、应收利息是否按规定恰当地核算。 7. 检查持有至到期投资转为短期投资时，是否已进行了正确的结转。 8. 验明持有至到期投资的披露是否恰当，注意一年内到期的持有至到期投资是否列入流动资产。

表 6－26　持有至到期投资减值准备检查表

内涵	担保公司持有至到期投资的减值准备。
风险点	1. 计提方法不符合会计准则的有关规定。 2. 计提方法没有保持一贯性，变更计提方法没有充分披露原因和影响。 3. 计提依据不充分，金额不准确。 4. 不按规定转回已计提的持有至到期投资减值准备。 5. 随意变更准备持有至到期投资减值计提方法，调整利润。

续表

检查技术	1. 核对持有至到期投资减值准备明细账与总账余额是否相符。 2. 了解持有至到期投资减值准备计提方法，获取预计未来现金流量现值的有关资料并进行核对。 3. 按计提持有至到期投资减值准备的范围、标准测算已提减值准备是否充分，并做出记录，必要时予以调整。 4. 抽查持有至到期投资减值准备增减变动的会计处理是否正确，并做出记录，必要时予以调整。 5. 计算持有至到期投资减值准备账户余额占持有至到期投资的比例，并与以前相关年度核对，判断有无大幅度波动，对波动幅度大的应查明原因，并采取相关对策。

表 6－27　可供出售金融资产检查表

内涵	初始确认时即被指定为可供出售的非衍生金融资产，以及除贷款、应收款项、持有至到期投资、以公允价值计量且其变动计入当期损益的金融资产以外的金融资产。
风险点	1. 投资内容及金额比例不符合有关法律制度或监管部门规定。 2. 可供出售金融资产不存在或不归被检查单位所有。 3. 可供出售金融资产价值已经下跌而没有充分揭示。 4. 可供出售金融资产交易没有完整记录。 5. 可供出售金融资产与交易性金融资产划分不准确。 6. 公允价值计价不准确，公允价值变动归属模糊，计入当期损益。 7. 与关联方发生的关联方交易，交易价格显失公允。 8. 存在重分类为其他金融资产的现象。
检查技术	1. 获取或编制可供出售金融资产明细表，并与明细账、总账、会计报表核对余额是否相符。 2. 分析可供出售金融资产的明细项目是否符合有关法律法规关于投资内容及金额比例的规定。 3. 获取股票、债券、基金账户对账单，与明细账余额核对，需要时，向证券登记公司等发函询证，注意期末资金账户余额会计处理是否正确。 4. 分析其公允价值计量标准，判断计价是否准确，公允价值变动列支是否合理，是否存在重分类为其他金融资产的现象。 5. 监盘库存有价证券，并与相关账户余额进行核对，如有差异，应查明原因，并做出记录或进行适当调整。 6. 对在外保管的有价证券，查阅有关保管的证明文件，需要时，向保管人函证。 7. 随机抽取可供出售金融资产增加和减少项目记账凭证，检查其原始凭证是否完整合法，会计处理是否正确。 8. 复核与可供出售金融资产有关的损益计算是否准确，并与投资收益有关检查项目核对。 9. 对于关联方交易，检查交易价格是否公允，会计处理是否恰当。

表 6-28　　长期股权投资检查表

内涵	投资方对被投资单位实施控制、重大影响的权益性投资以及对其合营企业的权益性投资。
风险点	1. 长期股权投资内容及金额比例不符合有关法律制度或监管部门规定。 2. 长期股权投资不存在或不归被检查单位所有。 3. 长期股权投资会计核算方法不符合会计制度规定。 4. 价值可能已经下跌而没有充分揭示。 5. 长期股权投资交易可能没有完整记录。 6. 滥用成本法和权益法，利用成本法和权益法之间的转换调整利润。
检查技术	1. 获取或编制长期股权投资明细表，并与明细账、总账、会计报表核对余额是否相符。 2. 检查长期股权投资入账项目是否符合投资合同、协议的规定，重大投资项目是否有公司的决议。 3. 检查年度内长期股权投资增减变动的原始凭证，对于增加和减少的项目要追索变动的原因及其有无授权批准手续。 4. 对于成本法核算，应取得相关原始凭证，检查其会计处理是否正确，注意被投资单位宣告分派的现金股利或利润是否确认为当期投资收益。 5. 对于权益法核算，应获取被投资单位已经注册会计师审计的年度会计报表，如果未经注册会计师审计，则应考虑对被投资单位的会计报表实施适当的审计或审阅程序。 6. 对于成本法改为权益法或权益法改为成本法的，应审查公司投资成本是否正确。 7. 向被投资单位函证其投资额、持股比例及发放股利情况。 8. 检查投资收益、应收股利是否按规定恰当地核算。 9. 监盘库存股票，取得盘点表，核对其所有权及金额。若库存股票为已提供质押或受到其他约束的，应取证（或函证），提请被检查单位作适当披露。

表 6-29　　长期股权投资减值准备检查表

内涵	担保公司长期股权资的减值准备。
风险点	1. 计提方法不符合会计准则的有关规定。 2. 计提方法没有保持一贯性，变更计提方法没有充分披露原因和影响。 3. 计提依据不充分，金额不准确。 4. 随意变更长期股权资减值准备计提方法或通过转回长期股权资减值准备以调整利润。

续表

检查技术	1. 核对长期股权投资减值准备明细账与总账余额是否相符。 2. 了解长期股权投资减值准备计提方法，获取有关资料并进行核对。 3. 按计提长期股权投资减值准备的范围、标准测算已提减值准备是否充分，并做出记录，必要时予以调整。 4. 检查长期股权投资价值得以恢复后，是否通过转回已经提取的减值准备调整利润。 5. 抽查长期股权投资减值准备增减变动的会计处理是否正确，并做出记录，必要时予以调整。 6. 计算长期股权投资减值准备账户余额占长期股权投资的比例，并与以前相关年度核对，判断有无大幅度波动，对波动幅度大的应查明原因，并采取相关对策。

表 6-30　　投资性房地产检查表

内涵	担保公司为赚取租金或资本增值，或两者兼有而持有的房地产的成本。
风险点	1. 投资性房地产内容及金额比例不符合有关法律制度或监管部门规定。 2. 投资性房地产不存在或不归被检查单位所有。 3. 投资性房地产会计核算方法不符合会计准则的规定。 4. 价值可能已经下跌而没有充分揭示。 5. 投资性房地产交易没有完整记录。 6. 混淆投资性房地产和固定资产的界限。 7. 随意变更计量模式，计量模式没有保持一贯性。 8. 利用公允价值变动调整利润。
检查技术	1. 获取或编制投资性房地产明细表，并与明细账、总账、会计报表核对余额是否相符。 2. 检查投资性房地产入账项目是否符合投资合同、协议的规定，重大投资项目是否有公司的决议。 3. 检查年度内投资性房地产增减变动的原始凭证，对于增加和减少的项目要追索变动的原因及其有无授权批准手续。 4. 监盘房地产，取得盘点表，核对其所有权及金额。 5. 若房地产为已提供质押或受到其他约束的，应取证（或函证），提请被检查单位作适当披露。 6. 检查投资性房地产的计量模式和计量方法是否前后保持一致。 7. 检查投资性房地产是否存在持续减值情况，做出详细记录。 8. 检查投资性房地产的界定是否符合规定。

表 6－31　投资性房地产减值准备检查表

内涵	担保公司投资性房地产的减值准备。
风险点	1. 计提方法不符合会计准则的有关规定。 2. 计提方法没有保持一贯性，变更计提方法没有充分披露原因和影响。 3. 计提依据不充分，金额可能不准确。 4. 随意变更投资性房地产准备计提方法或通过转回投资性房地产准备以调整利润。
检查技术	1. 核对投资性房地产减值准备明细账与总账余额是否相符。 2. 了解投资性房地产减值准备计提方法，获取有关资料并进行核对。 3. 按计提投资性房地产减值准备的范围、标准测算已提减值准备是否充分，并做出记录，必要时予以调整。 4. 检查投资性房地产价值得以恢复后，是否通过转回提取的减值准备调整利润。 5. 抽查投资性房地产减值准备增减变动的会计处理是否正确，并做出记录，必要时予以调整。 6. 计算投资性房地产减值准备账户余额占投资性房地产的比例，并与以前相关年度核对，判断有无大幅度波动，对波动幅度大的应查明原因，并采取相关对策。

表 6－32　长期应收款检查表

内涵	担保公司的长期应收款。
风险点	1. 长期应收款计提依据不充分，金额计算不准确。 2. 长期应收款未进行恰当的列示，分类不准确。 3. 长期应收款无法收回，未计提坏账准备或未给予充分揭示。 4. 长期应收款核销手续和会计处理不恰当。
检查技术	1. 获取或编制长期应收款款明细表，并与明细账、总账、会计报表核对余额是否相符。 2. 将总账数字与上年进行比较，分析出现较大变化的原因。 3. 分析有贷方余额的项目，查明原因，必要时，重新分类调整。 4. 结合其他应收账款明细余额，查明有否双方同时挂账的项目，或有无不属于长期应收款的应收款，如有，应做出记录，必要时，重新分类调整。 5. 索取相应文件资料，审查长期应收款的内容是否合理，计算金额是否准确。 6. 选择金额较大，账龄较长或异常的明细账户余额进行函证，编制“长期应收款函证结果汇总表”，对发出询证函未能收回及未发出的样本，查核下期明细账，或追踪至长期应收款发生时的原始凭证，特别注意是否存在抽逃资金、隐藏费用的现象。 7. 检查长期应收款账龄分析是否正确，判断是否形成坏账及其比例和成因。 8. 在长期应收款明细表上标出至检查时已收回的长期应收款金额，对已收回金额较大的款项进行常规检查，核对收款凭证、银行对账单，并注意凭证发生日期的合理性。

表 6－33　存出资本保证金检查表

内涵	公司按规定比例缴存的、用于清算时清偿债务的保证金。
风险点	1. 未按照要求存出相应的资本保证金。 2. 存款所有权实现存在限制。 3. 资本保证金未按规定存入指定的银行。 4. 违规擅自动用资本保证金。
检查技术	1. 获取或编制存出资本保证金明细表，并与明细账、总账、会计报表核对余额是否相符。 2. 核实注册资本金额，计算确定资本保证金金额。 3. 使用核对法将其计提数与应提数的基数进行对比，判断其结果是否符合规定的比例。 4. 审核存出资本保证金增减变动是否符合有关法律规定。 5. 向存款银行发函询证，以核实其计提金额是否真实如数存放在规定的银行。 6. 审核有关合同，判断其用途是否正当。

表 6－34　固定资产检查表

内涵	经营管理或出租而持有的，使用寿命超过一个会计年度的房屋、建筑物、机器、机械、运输工具以及其他与经营有关的设备、器具、工具等有形资产。
风险点	1. 固定资产未纳入账内管理，超规模列支固定资产，或将购建支出在其他应收款等科目挂账，掩盖超规模购建问题。 2. 固定资产计价不正确，价值构成不真实，任意变动或调整固定资产账面价值。 3. 混淆固定资产和低值易耗品、投资性房地产的界限。 4. 使用不符合规定，公购私用。 5. 验收、保管、领用、盘点、记账的职责不清。 6. 管理不严，固定资产短缺、霉烂、变质、毁损，无人处置，超储备造成浪费。 7. 不定期盘点，账实不符，不及时办理盘盈盘亏手续。 8. 捐赠固定资产形成账外资产。 9. 在建工程转入程序不合理。 10. 混淆经营性租赁固定资产和融资性租赁固定资产的界限。 11. 涉及固定资产的关联方交易，转入和转出的价格有失公允。

续表

检查技术	1. 获取或编制固定资产明细表，并与明细账、总账、会计报表核对余额是否相符。 2. 监盘固定资产，有针对性的抽取固定资产盘点表中的固定资产项目与固定资产实物相核对；或选择固定资产实物，检查其有无固定资产卡片，是否入账登记，登记的内容与实物是否相一致，并完整地反映在会计账簿上。 3. 检查房屋产权证、车辆运营证等所有权证明文件，检查固定资产是否真实存在。 4. 检查固定资产的确认标准是否符合规定，有无将不符合规定标准的资产列入固定资产并登记入账的情况。 5. 检查固定资产的增加是否经有关部门批准，并获取相关文件，检查计价是否符合规定，凭证手续是否齐全，授权批准手续是否齐备。对于外购固定资产，通过核对购货合同、发票、运单等文件，抽查测试。对于在建工程转入，检查竣工决算、验收和移交报告是否正确，与在建工程的相关记录是否核对相符。对已经达到预定使用状况、但尚未办理竣工决算的固定资产，检查其是否已经入账，并按规定计提折旧。对于投资投入，检查投资合同中关于固定资产作价是否有评估报告并经国有资产管理部门确认，交接手续是否齐全。对于其他增加，检查其他增加固定资产的原始凭证，核对其计价及会计处理是否正确，法律手续是否齐全。 6. 检查本期固定资产的减少数是否履行了必要的手续，其价值的确认标准是否符合规定，核算方法是否正确。结合固定资产清理和待处理财产损溢科目，抽查固定资产账面转销额是否正确；检查盘亏、毁损、报废或出售固定资产是否经授权批准；检查投资转出固定资产和其他减少的会计处理是否正确。 7. 获取经营性租出和融资租入固定资产的相关证明文件，并结合租金收入、融资租入固定资产分期付款，检查相关科目会计处理是否正确。 8. 结合银行借款的检查，了解固定资产是否存在抵押、担保情况。如有，则应取证记录，并提请被检查单位作必要披露。 9. 现场观察固定资产的使用和维护情况，检查固定资产的安全性及固定资产的价值确定是否符合规定。 10. 检查有无与关联方之间的固定资产购售活动，是否经适当授权，是否为按正常交易价格进行交易。

表 6－35 **累计折旧检查表**

内涵	担保公司现有固定资产已损耗的价值总和。
风险点	1. 计提折旧的范围不正确。 2. 折旧方法不准确。 3. 折旧年限和预计净残值确定不合规。 4. 随意变更折旧方法和折旧年限调整利润。 5. 折旧政策前后不一致。
检查技术	1. 核对累计折旧明细账与总账余额是否相符。 2. 检查固定资产累计折旧的提取是否符合规定，如采用加速折旧法是否取得批准文件，有无对规定范围以外的情况提取折旧，折旧的提取基数、固定资产使用年限的确定是否符合规定，并获取相关证明文件。 3. 检查折旧政策是否前后期一致，折旧费用的分配是否合理。 4. 检查固定资产增减变动时，有关折旧的会计处理是否符合规定。 5. 将当期固定资产累计折旧与上期固定资产折旧进行对比，检查固定资产累计折旧提取的合理性。

表 6－36 **固定资产减值准备检查表**

内涵	担保公司固定资产的减值准备。
风险点	1. 计提方法不符合会计准则的有关规定。 2. 计提方法没有保持一贯性，变更计提方法没有充分披露原因和影响。 3. 计提依据不充分，金额不准确。 4. 将还有使用价值的固定资产全额提取减值准备。 5. 将提取的固定资产减值准备转回调整利润。
检查技术	1. 核对固定资产减值准备明细账与总账余额是否相符。 2. 获取相关证明文件，检查固定资产减值准备的提取依据是否充分，计提方法、计提范围是否符合会计准则及有关制度的规定，有无提取不符合规定的减值准备。 3. 检查已全额计提减值准备的固定资产，是否停止计提折旧。 4. 检查固定资产价值得以恢复后，是否通过转回提取的减值准备调整利润。 5. 抽查固定资产减值准备增减变动的会计处理是否正确，并做出记录，必要时予以调整。 6. 计算固定资产减值准备账户余额占固定资产的比例，并与以前相关年度核对，判断有无大幅度波动，对波动幅度大的应查明原因，并采取相关对策。

表 6－37　　在建工程检查表

内涵	担保公司为建造或更新改造固定资产而进行的各项工程，包括基本建设工程（含新建、改扩建工程）、更新改造工程（含技术改造、固定资产改良、装饰、装修等工程）等所发生的实际支出。
风险点	1. 在建工程已达到预定使用状况，但迟迟不办理竣工决算，不及时进行会计处理。 2. 超规模列支在健工程，或将在建支出在其他应收款等科目挂账，掩盖超规模购建问题。 3. 在建工程沉淀资金量大。 4. 在建工程提取折旧。 5. 虚列工程项目支出，在建工程长期挂账。 6. 付款授权程序不合规。 7. 借款费用资本化会计处理不当。
检查技术	1. 获取或编制在建工程明细表，并与明细账、总账、会计报表核对余额是否相符。 2. 实地观察工程现场，检查在建工程是否存在；观察工程项目实际完工程度；检查是否存在实际已使用未及时结转的项目。 3. 对于重大建设项目，取得有关工程项目的预算总额及建设批准文件、施工承包合同、现场监理施工进度报告等业务资料。 4. 抽查工程款是否按照合同、协议、工程进度或监理进度报告分期支付，其付款授权批准手续是否齐备，会计处理是否正确。 5. 结合长期借款和应付债券的检查工作，检查借款费用（利息、汇兑损益）资本化的金额是否合理，会计处理是否正确。 6. 结合长期借款等的检查，了解在建工程是否存在抵押、担保情况。如有，则应取证记录，并提请被检查单位作必要披露。 7. 结合固定资产科目，检查在建工程转销额是否正确。 8. 检查是否有长期挂账的在建工程。如有，了解原因，并关注是否会发生损失。 9. 检查有无与关联方之间的工程建造或代开发业务，其是否经适当授权，是否为按正常交易价格进行交易。

表 6－38 在建工程减值准备检查表

内涵	担保公司在建工程的减值准备。
风险点	1. 计提方法不符合会计准则的有关规定。 2. 计提方法没有保持一贯性，变更计提方法没有充分披露原因和影响。 3. 计提依据不充分，金额不准确。 4. 将提取的在建工程减值准备转回调整利润。
检查技术	1. 核对在建工程减值准备明细账与总账余额是否相符。 2. 了解在建工程减值准备计提方法，获取有关资料并进行核对。 3. 按计提在建工程减值准备的范围、标准测算已提减值准备是否充分，并做出记录，必要时予以调整。 4. 检查在建工程价值得以恢复后，是否通过转回提取的减值准备调整利润。 5. 抽查在建工程减值准备增减变动的会计处理是否正确，并做出记录，必要时予以调整。 6. 计算建工程减值准备账户余额占建工程的比例，并与以前相关年度核对，判断有无大幅度波动，对波动幅度大的应查明原因，并采取相关对策。

表 6－39 固定资产清理检查表

内涵	担保公司因出售、报废等原因转入清理但尚未清理完毕的固定资产的净值，以及固定资产清理过程中所发生的清理费用和变价收入等各项金额的差额。
风险点	1. 固定资产从使用中转为固定资产清理项目，逃避固定资产规模管理。 2. 将其净损益推迟结转，对此迟迟不作处理，造成本期利润的虚增、虚减。 3. 将固定资产清理收入隐瞒入小金库。 4. 固定资产出售作价不合理；将出售款列入其他应付款，作为职工福利或其他非法之用。
检查技术	1. 获取或编制固定资产清理明细表，并与明细账、总账、会计报表核对余额是否相符。 2. 结合固定资产等账项检查，检查固定资产、累计折旧等的账面转出额是否正确。 3. 检查固定资产清理的原因（出售、报废或毁损），是否经有关技术部门鉴定并授权批准。 4. 检查固定资产清理收入和清理费用的发生是否真实、准确，清理结果（净损益）的计算是否正确，会计处理是否正确。 5. 检查有无长期挂账的固定资产清理余额。如有，应查明原因，必要时应作调整。

表 6－40 无形资产检查表

内涵	担保公司拥有或者控制的没有实物形态的可辨认非货币性资产，包括专利权、非专利技术、商标权、著作权、特许权、土地使用权等。
风险点	1. 没有合法证书或者没有经过法定程序确认增加无形资产记录。 2. 没有取得法定依据，或不经过法定程序多计或少计无形资产价值。 3. 转让、出售行为没有得到必要的授权，售价确定没有合法依据，转让、出售带来损益的会计处理不恰当。
检查技术	1. 获取或编制无形资产明细表，并与明细账、总账、会计报表核对余额是否相符。 2. 对于需要权属文件以证明其是否存在的无形资产（如商标权、著作权、土地使用权等），应获取相关证明文件以检查其真实存在，其所有权是否归公司所有。 3. 对于没有权属文件以证明其是否存在的无形资产，应获取其产生的相关文件，并检查有无将不符合无形资产确认标准的项目作价列为无形资产。 4. 检查无形资产取得的程序是否完备。对股东投入的无形资产，检查是否符合有关规定，并经过适当的审查批准。无形资产的价值是否分别与验资报告及资产评估结果确认书或合同协议等证明文件一致。对自行取得或购入的无形资产，检查其原始凭证，确认计价是否正确，法律程序是否完备（如依法登记、注册及变更登记的批准文件和有效期）。 5. 选择性地检查土地使用权等无形资产的转让、出售、抵押或者出租是否符合有关规定，注意转让的是所有权还是使用权。

表 6－41 累计摊销检查表

内涵	担保公司对使用寿命有限的无形资产计提的摊销额。
风险点	1. 无形资产摊销期限确定不合理。 2. 任意多摊或少摊无形资产成本。 3. 无形资产摊销列支不合理。 4. 对使用寿命不确定的无形资产进行摊销。 5. 利用无形资产摊销调整利润。
检查技术	1. 核对累计摊销明细账与总账余额是否相符。 2. 了解摊销政策是否符合会计准则的规定，摊销期限确定是否合理。 3. 检查摊销政策是否前后期一致。 4. 计算复核本期摊销费用的计算是否正确。 5. 检查摊销费用是否合理，是否存在调节利润的情况。 6. 注意无形资产增减变动时，有关摊销的会计处理是否符合规定。

表 6－42　无形资产减值准备检查表

内涵	担保公司无形资产的减值准备。
风险点	1. 计提方法不符合会计准则的有关规定。 2. 计提方法没有保持一贯性，变更计提方法没有充分披露原因和影响。 3. 计提依据不充分，金额不准确。 4. 将还有使用价值的无形资产全额提取减值准备。 5. 将提取的无形资产减值准备转回调整利润。
检查技术	1. 核对无形资产减值准备明细账与总账余额是否相符。 2. 了解无形资产减值准备计提方法，获取有关资料并进行核对。 3. 按计提无形资产减值准备的范围、标准测算已提减值准备是否充分，并做出记录，必要时予以调整。 4. 检查无形资产价值得以恢复后，是否通过转回提取的减值准备调整利润。 5. 抽查无形资产减值准备增减变动的会计处理是否正确，并做出记录，必要时予以调整。 6. 计算无形资产减值准备账户余额占无形资产的比例，并与以前相关年度核对，判断有无大幅度波动，对波动幅度大的应查明原因，并采取相关对策。

表 6－43　长期待摊费用检查表

内涵	担保公司已经发生但由本期和以后各期负担的分摊期限在一年以上的各项费用，如以经营租赁方式租入的固定资产改良支出。
风险点	1. 将筹建期间发生的费用计入长期待摊费用，没有在开始经营的当月起一次计入当期损益。 2. 列入租入固定资产改良支出项目的内容，并不是为租入固定资产改良而支出，有些甚至也不是由承租人支付。 3. 将本期应计入当期损益的费用转入“长期待摊费用”挂账，从而进行利润调节。
检查技术	1. 获取或编制长期待摊费用明细表，并与明细账、总账、会计报表核对余额是否相符。 2. 了解公司开业及试营业的日期和第一笔交易的发生日期，确认开办费截止日期。 3. 抽查重要的原始凭证，检查长期待摊费用增加的合法性和真实性，查阅有关合同、协议等资料和支出凭证是否经授权批准，会计处理是否正确，注意租入固定资产改良支出与修理费的划分是否正确。 4. 检查摊销政策是否符合会计准则的规定，复核计算摊销额及相关的会计处理是否正确，前后期是否保持一致，是否存在随意调节利润的情况。

表 6－44　递延所得税资产检查表

内涵	公司确认的可抵扣暂时性差异产生的递延所得税资产。
风险点	1. 递延所得税资产计算不正确。 2. 发生和转销不符合规定。 3. 所采用的会计政策不恰当。 4. 将可抵扣暂时性差异和暂时性差异相混淆，将暂时性差异确认为递延所得税资产。
检查技术	1. 获取或编制递延所得税资产明细表，并与明细账、总账、会计报表核对余额是否相符。 2. 检查采用的会计政策是否恰当，前后期是否一致。 3. 检查是否按规定设置递延所得税资产备查登记簿，审核其记录的差异原因、金额、预计转销期，各期转销额是否与明细账一致。 4. 审核本期发生额的内容是否符合会计准则及有关规定，有否与暂时性差异差异相混淆，金额计算是否正确。 5. 预计转销期间是否合理合规，复核本期转销额是否正确。

表 6－45　待处理财产损溢检查表

内涵	担保公司在清查财产过程中查明的各种财产盘盈、盘亏的价值。
风险点	1. 虚列财产盘亏，实则将财产出售，隐瞒收入。 2. 未经审批，将待处理财产净损溢直接计入当期损益。 3. 待处理财产净损溢转入账户不恰当。 4. 待处理财产净损溢迟迟不作处理，虚增资产。 5. 固定资产盘盈计入待处理财产损溢。 6. 将待处理财产净损溢和固定资产清理相混淆。
检查技术	1. 获取或编制待处理财产损溢明细表，并与明细账、总账、会计报表核对余额是否相符。 2. 结合相关账项检查待处理财产损溢转入的会计处理是否正确。 3. 检查损溢原因和入账依据，如对盘盈、盘亏的估价是否合理，转销审批手续是否齐备。 4. 检查有关会计处理是否符合相关规定，注意出售、报废的固定资产不在本账项中核算。 5. 检查有无应予处理而未处理、长期挂账的待处理财产损溢。如有，应查明原因，必要时应作调整。

第二节 负债项目的检查技术

表 6-46　短期借款检查表

内涵	担保公司向银行或其他金融机构借入的期限在 1 年以内（含 1 年）的各种借款。
风险点	1. 短期借款的审批程序不符合规定。 2. 短期借款利息计算不准确。 3. 利用短期借款偿还长期借款。 4. 虚增借款数额，多借挪用。 5. 利用借款利息调节损益。 6. 将支付利息挂账，隐瞒亏损。 7. 短期借款资金流向不合规。 8. 短期借款逾期不还。
检查技术	1. 获取或编制短期借款明细表，并与明细账、总账、会计报表核对余额是否相符。 2. 向债权人函证重大的短期借款。 3. 索取并检查本期借款项目的借款合同、协议及授权批准或其他有关资料和收款凭证，了解借款数额、借款条件、借款日期、还款期限、借款利率，确认其真实性、合法性，并与会计记录核对。 4. 对年度内减少的短期借款，检查相关会计记录和原始凭证，并将期末借款余额与银行凭证核对是否相符，核实还款数额。 5. 到有关部门、银行核对与短期借款相关的资金流向是否真实，短期借款期末余额是否正确。 6. 检查利息计算的依据，复核应计利息的正确性，并与利息支出等科目的相关内容核对，确认全部利息费用已计入相关账户。 7. 检查期末有无到期未偿还的短期借款，逾期借款是否办理了延期手续。 8. 对于以财产抵押的短期借款，应注意有关抵押资产的所有权归属和借款合同规定的限制条款，必要时，应予以适当披露。 9. 审阅公司会议纪要、重大合同、函证、利息通知单等相关业务资料，检查短期借款的记录是否完整。

表 6－47　存入保证金检查表

内涵	担保公司按合同约定接受存入的保证金，包括存入交易保证金、存入理赔保证金、存入分保保证金等。
风险点	1. 存入保证金未根据有关合同、协议及其他相关文件资料内容确认和记录。 2. 分保业务未根据分保协议及其他有关文件资料内容确认和记录。 3. 存入保证金未及时返还或使用不符合规定的用途。 4. 保证金的冲减数额与实际赔付支出数额不一致。 5. 擅自将保证金挪作他用。
检查技术	1. 获取或编制存入保证金明细表，并与明细账、总账、会计报表核对余额是否相符。 2. 检查本期各项扣存保证金的返还情况，核对会计记录和原始凭证。 3. 索取并检查分保业务合同、协议及授权批准或其他有关资料和收款凭证，确认存入保证金的扣存、返还真实性，并与会计记录核对。 4. 向债权人或分保接受人函证，并与期末存入保证金余额核对。 5. 检查期末有无到期未返还的保证金，向被检查公司询问其原因，并取得相关书面证据。

表 6－48　拆入资金检查表

内涵	担保公司从境内、境外金融机构拆入的款项。
风险点	1. 存在违规拆入资金。 2. 拆入合同、协议及授权程序不合规。 3. 拆入资金未及时偿还。 4. 利息计算不准确。
检查技术	1. 获取或编制拆入资金明细表，并与明细账、总账、会计报表核对余额是否相符。 2. 索取并检查资金拆入合同、协议及授权批准或其他有关资料和收款凭证，确认其真实性、合法性，并与会计记录核对。 3. 检查本期各项拆入资金的偿还情况，核对会计记录和原始凭证。 4. 向银行或其他金融机构函证，并与期末拆入资金核对，检查余额是否正确。 5. 检查期末有无到期未偿还的拆入资金，逾期拆入资金是否办理了延期手续。 6. 检查利息计算的依据，复核应计利息的正确性，并与应付利息、利息支出科目的相关内容核对，确认全部利息费用是否已计入相关账户。 7. 对于以财产抵押的拆入资金，应注意有关抵押资产的所有权归属和拆入资金合同规定的限制条款，必要时，予以适当披露。

表 6-49　　交易性金融负债检查表

内涵	担保公司持有的以公允价值计量且其变动计入当期损益的金融负债和直接指定为以公允价值计量且其变动计入当期损益的金融负债。
风险点	1. 存在违规交易性金融负债。 2. 交易性金融负债未正确披露。 3. 公允价值计量不标准。 4. 利息计算不准确。
检查技术	1. 获取或编制交易性金融负债明细表，并与明细账、总账、会计报表核对余额是否相符。 2. 索取并检查有关合同、协议及授权批准或其他有关资料和收款凭证，确认其真实性、合法性，并与会计记录核对。 3. 检查本期各项交易性金融负债的处置情况，核对会计记录和原始凭证。 4. 向银行或其他金融机构函证，并与期末交易性金融负债核对，检查余额是否正确。 5. 检查利息计算的依据，复核应计利息的正确性，并与应付利息、投资收益科目的相关内容核对，确认全部利息费用是否已计入相关账户。 6. 检查交易性金融负债是否按公允价值计量，标准是否合理，公允价值变动是否计入当期损益。

表 6-50　　卖出回购金融资产款检查表

内涵	担保公司按回购协议先卖出再按固定价格买入票据、证券、贷款等金融资产所融入的资金。
风险点	1. 通过大量卖出回购金融资产进行融资，放大筹资风险。 2. 涉及中国人民银行批准交易以外的回购业务。 3. 卖出金融资产实际收到的金额与入账金额不一致。
检查技术	1. 获取或编制卖出回购金融资产款明细表，并与明细账、总账、会计报表核对余额是否相符。 2. 索取并检查卖出回购金融资产款交易记录，确认其真实性、合法性，并与会计记录核对，必要时，向资产登记公司等发函询证。 3. 检查本期卖出回购金融资产款的偿还情况，核对会计记录和原始凭证。 4. 检查卖出回购金融资产款是否按照实际收到的金额入账，利息支出是否按照会计准则进行会计处理与披露。

表 6－51　　应付赔付款检查表

内涵	担保公司应付但未付给保户的赔付款。
风险点	1. 应付赔付款的对象不真实、不合规。 2. 会计凭证显示的赔付款领取人不真实。 3. 应付赔付款金额不正确，支付方式不规范。
检查技术	1. 获取或编制应付赔付款明细表，并与明细账、总账、会计报表核对余额是否相符。 2. 抽查原始凭证，根据赔付款标准，计算应付赔付款金额，并与投保人的计算相比较，分析其差异，确认其入账金额是否正确。 3. 抽查应付赔付款明细账及现金、银行存款日记账，核实其是否已支付赔付款并转销。 4. 结合赔付款支出明细账，检查是否存在未入账的应付赔付款。 5. 检查应付赔付款是否存在借方余额，并查明原因。 6. 将期末应付赔付款余额与上期期末余额进行比较，解释其波动原因，对大额异常项目进行调查。 7. 检查赔付款领取人是否为相关业务的真实投保人，必要时到有关银行核对记账凭证所反映的收款人是否真实。 8. 检查应付赔付款是否长期挂账及其原因。

表 6－52　　应付手续费及佣金检查表

内涵	担保公司应向受其委托并在授权范围内代为办理担保业务的代理人或营销员支付的手续费或佣金。
风险点	1. 计提手续费及佣金的依据不真实、不合规。 2. 对孤儿保单计提应付佣金。 3. 会计凭证显示的手续费及佣金领取人不真实。 4. 冒充离职代理人或营销员名义领取佣金。 5. 应付手续费即佣金的计提金额不正确，支付方式不规范。
检查技术	1. 获取或编制应付手续费及佣金明细表，并与明细账、总账、会计报表核对余额是否相符。 2. 审核代理业务合同、代理协议，核对代理单位代理资格，实地考察代理单位网点，判断公司是否委托未具备资格单位代理业务。 3. 调阅代理点代理担保业务台账，统计代理业务担保费收入，核对公司担保费收入记录，确认担保机构代理业务和财务记录是否真实。

续表

检查技术	4. 抽查原始凭证，根据代理合同手续费及佣金标准，计算应付手续费及佣金金额，并与代理人的计算相比较，分析其差异，确认其入账金额是否正确。 5. 查阅业务档案，特别是批单档案，核对批单退费的支出方式和对象，判断是否以违规批退支付手续费及佣金。 6. 审核现金日记账，核对是否以现金方式向个人代理人支付手续费，判断是否通过员工、业务员变相支付手续费。 7. 结合手续费及佣金支出明细账，检查其发生的日期，确认其入账时间是否合理，检查是否存在未入账的应付手续费及佣金。 8. 检查应付手续费及佣金是否存在借方余额，并应查明原因。 9. 将期末应付手续费及佣金余额与上期期末余额进行比较，解释其波动原因。对大额异常项目进行调查。 10. 检查手续费及佣金领取人是否为相关业务的真实代理人或营销员，必要时到有关银行核对记账凭证所反映的收款人是否真实。 11. 检查应付手续费及佣金是否长期挂账并分析其原因。

表 6－53　　预收保费检查表

内涵	担保公司在担保合同成立并开始承担担保责任前向投保人预收的担保费，包括分入分保业务再担保接受人提前向再担保分出人收取的分保费。
风险点	1. 应确认担保费收入未确认，长期挂预收保费科目，以调节担保费收入。 2. 将长期挂账的预收保费，通过签发虚假保单虚增担保费收入。 3. 异常冲减预收保费，不确认担保费收入，以截留担保费资金。 4. 将长期挂账的预收保费转移至当期投保的投保人名下，将投保人的保费通过借用账户等形式套取出来，从而达到截留投保人保费的目的。 5. 未建立预收保费备查登记簿，备查登记簿中保单号、被担保人、起保终保日期、预收金额等要素不完整。 6. 对已收到款项但担保责任未起期的保单记录为收入。
检查技术	1. 获取或编制预收保费明细表，并与明细账、总账、会计报表核对余额是否相符。 2. 抽取选择金额较大或异常的预收保费，对其进行函证，对于回函金额与账面记录不符的，应查明原因并做出记录或适当调整；对于未回函的应查阅相关业务资料，以证实预收保费的记录是否真实准确。 3. 查阅公司有关业务政策和规定，将以前年度保户名单与本年账面记录进行对比，检查预收保费的完整性。

续表

检查技术	4. 检查是否存在借方余额，查明原因，决定是否进行重分类调整。 5. 抽查预收保费有关的保单等记录，根据担保责任生效时间，检查已实现担保费收入是否及时转销预收保费，确保预收保费年末余额的正确性和合理性。 6. 在预收保费明细表上标出到检查日止已转销的预收保费，对已转销金额较大的预收保费进行检查，核对记账凭证、收据、保单等，检查是否存在不合理转销预收保费，以截留保费资金等现象。 7. 检查预收保费长期挂账的原因，是否存在人为调节担保费收入的情况。

表 6－54　　预收赔付款检查表

内涵	担保公司从事再担保分出业务预收的分保赔款。
风险点	1. 长期挂预收赔付款科目。 2. 异常冲减预收赔付款。 3. 冲减预收赔付款与确定支付赔付支出的会计期间不一致。
检查技术	1. 获取或编制预收赔付款明细表，并与明细账、总账、会计报表核对余额是否相符。 2. 抽取选择金额较大或异常的预收赔付款，对其进行函证，对于回函金额与账面记录不符的，应查明原因并做出记录或适当调整；对于未回函的应查阅相关业务资料，证实预收赔付款的记录是否真实准确。 3. 查阅公司有关业务政策和规定，将以前年度分入公司名单与本年账面记录进行对比，检查预收赔付款的完整性。 4. 检查是否存在借方余额，查明原因，决定是否进行重分类调整。 5. 抽查预收赔付款有关记录，检查已确认赔付支出的当期是否及时转销预收赔付款，确保预收赔付款年末余额的正确性和合理性。 6. 在预收赔付款明细表上标出到检查日止已转销的预收赔付款，对已转销金额较大的预收赔付款进行检查，核对记账凭证、收据等，检查是否存在不合理转销预收赔付款，以截留赔付资金。 7. 检查预收赔付款长期挂账的原因，是否存在人为调节摊回赔付支出的情况。

表 6-55　　应付职工薪酬检查表

内涵	担保公司根据有关规定应付给职工的各种薪酬，包括短期薪酬、离职后福利、辞退福利和其他长期职工福利。
风险点	1. 津贴支付不符合国家规定标准；代扣款项计算不准确。 2. 虚列职工姓名、人数，多计、多发工资。 3. 职工由于调出、退休、死亡等原因减少后，故意不除名，仍将其列在工资单中发放工资。 4. 不按规定计提应付福利费、“五险一金”，随意调整成本费用。 5. 应付福利费在支出时，超过规定的范围。 6. 将应付福利费挪作他用。
检查技术	1. 获取或编制应付职工薪酬明细表，并与明细账、总账、会计报表核对余额是否相符。 2. 检查年度职工薪酬有无异常波动情况，如有应查明原因，做出记录。 3. 抽查应付职工薪酬的支付凭证，确定工资、奖金、津贴的计算是否符合有关规定，依据是否充分，有无授权批准和领款人签章，有无按规定代扣款项，相应的会计处理是否正确。 4. 将应付职工薪酬贷方发生额累计数与相关的成本、费用账户核对，判断是否一致。 5. 检查职工薪酬的计提是否正确，分配方法是否与上期一致。 6. 将本期职工薪酬总额与上期进行比较，对于异常变动要求被检查公司解释其增减变动原因，或取得公司管理当局关于员工工资水平的政策文件。 7. 结合工资结算汇总表及相关明细表检查，检查按工资总额计提的应付福利费、“五险一金”是否符合规定，计提金额是否正确。 8. 审阅应付福利费明细账，并抽查本年应付福利费支用的原始凭证，检查其是否符合规定用途，报销是否符合审批程序。 9. 检查应付福利费是否存在借方余额，查明原因，决定是否进行重分类调整。

表 6－56　应交税费检查表

内涵	担保公司按照税法规定计算应缴纳的各种税费，包括营业税、所得税、土地增值税、城市维护建设税、房产税、土地使用税、车船使用税、教育费附加、代扣代缴的个人所得税等，不包括印花税。
风险点	1. 税收政策掌握不到位，在计算应缴税费时采用的计算依据不正确，选用的税率不恰当，套用较低的税率。 2. 税收的减免不符合规定，可能通过欺诈手段虚拟减免税条件，偷税漏税。 3. 不严格履行代扣代缴义务。 4. 不按规定调整应税项目。 5. 应缴税费期末余额大，挂账时间长，长期拖欠应缴税费。
检查技术	1. 取得或编制应缴税费明细表，并与明细账、总账、会计报表核对余额是否相符。 2. 查阅公司的纳税鉴定、纳税通知、减免税等批准文件，了解公司适用的税种、计税基础、税率，以及征、免、减税的范围与期限，确认其年度内应纳税项的内容。 3. 核对年初应缴税费与税务机关的认定数是否一致，做出记录，如有差额，查明原因，必要时做适当调整。 4. 确定本年度应缴纳的税款，检查有关账簿记录和缴税凭证，确认本年度已缴税款和年末未缴税款。 5. 对于所得税，编制应纳税所得额调整计算表，根据调整后的计税利润，计算本期应缴所得税；获取公司年初欠缴所得税和本年预缴所得税资料，计算并调整年末欠缴数；年末欠缴所得税数与“应交税费——应交所得税”明细账核对一致。 6. 对于营业税，根据审定的当年度营业额，检查营业税的计税依据是否正确，适用税率是否符合税法规定，分项复核本期应缴数，并与“应交税费——应交营业税”明细账核对；获取上年度末应缴营业税的欠缴额，连同本年度的发生额，计算复核年度应缴营业税的欠缴额并与明细账余额核对。 7. 对于城市维护建设税，根据审定的计税基础和按规定适用的税率，计算复核公司本年度应缴城乡维护建设税税额，并与有关明细账核对；获取公司上期城市维护建设税的欠缴额及本年度的应缴额、已缴额，计算复核本期末欠缴的城市维护建设税税额，并与有关明细账核对。 8. 对于车船使用税和房产税，获取公司自有车船数量、吨位（或座位）及自有房屋建筑面积、用途、造价（购入原价）、购建年月等资料，并与固定资产（含融资租入固定资产）明细账复核一致；了解其使用、停用时间及其原因等情况；获取公司本年内已缴税金的完税单，审核其是否如实申报和按期缴纳；如未缴纳，应调整纳税准备。 9. 对于其他税项及代扣税项，了解公司按国家或当地政府的税制规定应缴纳的其他税项，并采用适当的程序进行相应的检查；了解并获取公司已发生的代扣税项，如代扣个人所得税；根据各项应纳税收入（所得）额，计算应纳税金，并与明细账核对；审核支付凭证是否具有当地税务机关的统一发票（或缴款书），是否已自行申报缴纳；获取有关的合同、协议，根据涉及税项的条款，判定（或与税务机关联系）是否应由个人代扣。

表 6-57 应付利息检查表

内涵	担保公司按照合同约定应支付的利息。
风险点	1. 应付利息金额的计算和支付方式与有关规定不相符。 2. 利息的支付对象不符合规定。 3. 应付利息长期挂账。
检查技术	1. 获取或编制应付利息明细表，并与明细账、总账、会计报表核对余额是否相符。 2. 审阅公司有关利息支付的规定和有关担保条款的规定，了解支付标准。 3. 抽查大额应付利息的记账凭证及相关文件资料，结合利息支出账户审核，确定其计提金额及会计处理是否正确。 4. 检查利息支付对象是否符合规定，必要时到有关银行核查记账凭证反映的收款人是否真实。 5. 抽查大额应付利息转销的记账凭证及相关文件资料是否齐全，其会计处理是否正确。 6. 检查有无不属应付利息性质的会计事项，有无长期未转销的应付利息，如有，应查明原因并做出记录，必要时作适当调整。

表 6-58 应付股利检查表

内涵	担保公司经董事会或股东大会确定已经宣告发放但尚未实际支付的现金股利，不包括公司分配的股票股利。
风险点	1. 应付股利金额的计算和支付方式与有关规定不相符。 2. 股利的支付对象不符合规定。 3. 应付股利长期挂账。
检查技术	1. 获取或编制应付股利明细表，并与明细账、总账、会计报表核对余额是否相符。 2. 审阅公司章程、股东大会和董事会会议纪要中有关利润分配的规定，了解股利分配标准。 3. 检查应付股利的发生额，看其是否符合董事会或股东大会决定的利润分配方案，从税后可供分配利润中计算检查，并复核应付股利计算和会计处理的正确性。 4. 检查公司董事会制定的上期利润分配预案，如股东大会决议作了修改，应按股东大会的决定调整应付股利的期初数，检查有关会计处理是否正确。 5. 检查股利支付的原始凭证的内容和金额是否正确。 6. 检查应付股利是否存在借方余额，查明原因，决定是否进行重分类调整。 7. 检查应付股利长期挂账的原因，并做出记录，必要时予以调整。

表 6－59　　其他应付款检查表

内涵	担保公司除应付利息、应付股利、应付手续费及佣金、预收保费、应付分保账款、预收赔付款、应付保单红利、应付职工薪酬、应缴税费以外的其他各种应付、暂收的款项，如职工未按期领取的工资、应付租金等。
风险点	1. 虚列其他应付款占用固定资产规模。 2. 收到担保费资金或其他款项挂在其他应付款科目，再冲转，以套取或挪用资金。 3. 将预收保费列入其他应付款。 4. 其他应付款长期挂账，将资金挪作他用。
检查技术	1. 获取或编制其他应付款明细表，并与明细账、总账、会计报表核对余额是否相符。 2. 选择金额较大或性质异常的明细余额，检查其原始凭证，并向债权人询证，检查余额是否正确。 3. 分析有借方余额的项目，查明原因。 4. 在其他应付款明细表上标出截止检查日已支付的其他应付款项，抽查付款凭证、银行对账单等，并注意这些凭证发生日期的合理性。 5. 检查发生额较大或性质异常的他应付款，检查他应付款的增加是否符合该科目会计核算范围；检查其他应付款减少的依据是否真实、充足，必要时到有关银行核对相关资金流向是否真实。 6. 检查有无未及时入账的其他应付款。 7. 检查长期未结的其他应付款，检查其存在是否合法、合理，分析长期挂账的原因，并做出记录，必要时予以调整。 8. 检查他应付款中关联方的余额是否正常，如数额较大或有其他异常现象，应查明原因。

表 6－60　　应付分保账款检查表

内涵	担保公司从事再保险业务应付未付的款项。
风险点	1. 分保业务未根据分保协议及其他有关文件资料内容确认和记录，分保业务不存在。 2. 应付分保账款与分保账单不一致。 3. 应付分保账款未能定期结算支付。 4. 应付分保账款金额计算不正确，并未记录在恰当的会计期间。

续表

检查技术	1. 获取或编制应付分保账款明细表，并与明细账、总账、会计报表核对余额是否相符。 2. 抽查原始凭证，根据分保业务合同约定，计算应付分保账款，并与相关分保公司的计算相比较，分析其差异，确认其入账金额是否正确。 3. 抽查期后应付分保账款明细账及银行存款日记账，核实其是否已支付分保账款并转销。 4. 检查是否存在未入账的应付分保账款，对应付分保账款明细账的贷方发生额的相应凭证，检查其发生的日期，确认其入账时间是否合理。 5. 检查应付分保账款是否存在借方余额，并查明原因。 6. 检查应付分保账款是否按分保分出（入）人设置明细账。 7. 将期末应付分保账款余额与上期期末余额进行比较，解释其波动原因，对大额异常项目进行调查。 8. 检查应付分保账款是否长期挂账，分析其原因。 9. 结合其他应付账款明细余额，查明有否双方同时挂账的项目，或有无不属于分保业务的其他往来款，如有，应做出记录，必要时，重新分类调整。

表 6－61　　代理业务负债检查表

内涵	担保公司委托管理业务受托代为管理的担保基金。
风险点	1. 受托代理保管的基金与有关规定不相符。 2. 支付对象不符合规定。 3. 收到的代管担保基金没有单独设账专户存储。
检查技术	1. 获取或编制代理业务负债明细表，并与明细账、总账、会计报表核对余额是否相符。 2. 检查收到客户委托的款项是否符合规定，必要时到有关银行核查记账凭证反映的支付人是否真实。 3. 检查有无未及时入账的代理业务负债。 4. 结合委托合同审核，检查其款项是否正确。 5. 审阅公司有有关担保条款的规定，了解支付标准。

表 6－62　**递延收益检查表**

内涵	担保公司确认的应在以后期间计入当期损益的政府补助。
风险点	1. 将本期应计入当期损益的政府补助转入“递延收益”挂账，从而进行利润调节。 2. 递延收益计算不准确。 3. 没有按标准进行分摊。
检查技术	1. 获取或编制递延收益明细表，并与明细账、总账、会计报表核对余额是否相符。 2. 抽查原始凭证，检查递延收益增加的合法性和真实性，查阅有关合同、协议等资料和支出凭证，判断是否经授权批准，会计处理是否正确。 3. 检查分摊政策是否符合会计准则的规定，复核计算分摊额及相关的会计处理是否正确，前后期是否保持一致，是否存在随意调节利润的情况。 4. 检查递延收益是否长期挂账，分析其原因。

表 6－63　**长期借款检查表**

内涵	担保公司经批准从银行或其他金融机构借入的期限在 1 年以上（不含 1 年）的各种借款。
风险点	1. 虚列长期借款。 2. 虚列借款费用，多借挪用。 3. 将支付利息挂账，隐瞒亏损。 4. 借款项目之间互相占用资金。 5. 借款合同和借款的审批程序不符合规定。 6. 借款利息费用化与资本化界限不清。
检查技术	1. 获取或编制长期借款明细表，并与明细账、总账、会计报表核对余额是否相符。 2. 对年度内增加长期借款，核实其是否履行了审批手续，并检查借款合同，了解借款数额、借款条件、借款日期、还款期限、借款利率，并与相关会计记录进行核对。 3. 检查长期借款的资金使用是否符合借款合同的规定，流向是否真实，有无违反规定挪作他用，并获取相关证明资料。 4. 向银行或其他债权人函证重大的长期借款。 5. 对年度内偿还的长期借款，核对会计记录和原始凭证，并将期末借款余额与银行凭证核对是否相符，予以确认。 6. 检查利息计算的依据，复核应计利息的正确性，并与“利息支出”、“在建工程”等科目的相关内容核对，确认全部利息费用已计入相关账户，长期借款利息资本化的会计处理是否正确。 7. 检查期末有无到期未偿还的长期借款，逾期借款是否办理了延期手续。 8. 对于以财产抵押的长期借款，应注意有关抵押资产的所有权归属和借款合同规定的限制条款，必要时，应予以适当披露。

表 6－64　**应付债券检查表**

内涵	担保公司以发行债券的形式，向社会筹资所形成的一种长期负债，包括发行的具有金融负债性质的优先股和永续债。
风险点	1. 应付债券业务所依据的合同或协议不合理，或根本无相关合同或协议，虚列该账户。 2. 账户设置和使用不合理。 3. 每期支付款项与合同规定不相符合。 4. 付款期满后继续付款。 5. 债券溢价折价摊销未按实际利率法，任意改变摊销期限和摊销方法。 6. 将金融负债和权益工具相混淆。 7. 优先股和和永续债没有在资产负债表中单独列示。
检查技术	1. 获取或编制应付债券明细表，并与明细账、总账、会计报表核对余额是否相符。 2. 检查应付债券科目的核算内容是否符合会计准则的规定。 3. 向债权人函证重大的应付债券。 4. 检查各项应付债券本息的计算是否准确，会计处理是否正确。 5. 检查与应付债券有关的汇兑损益是否按规定进行了会计处理。 6. 检查溢价或折价是否按照有关规定摊销转账。 7. 验明应付债券的披露是否恰当。

表 6－65　**未到期责任准备金检查表**

内涵	担保公司担保责任未解除时，为承担未到期责任而提取的准备金。
风险点	1. 未按规定的标准、比例计提未到期责任准备金。 2. 未到期责任准备金计算方法前后各期不一致。 3. 准备金保单信息数据来源不真实，没有覆盖所有业务。 4. 未到期责任准备金会计报表数据和统计报表、信息系统数据不一致。 5. 未到期责任准备金资产负债表日调整处理方法不合理。 6. 未到期责任准备金资金运用不当。 7. 未到期责任准备金账务处理不正确。

续表

检查技术	1. 获取或编制未到期责任准备金明细表，并与明细账、总账、会计报表核对余额是否相符。 2. 结合新会计准则，检查未到期责任准备金计提的依据、方法、比例是否合理，是否按规定足额提取。 3. 检查未到期责任准备金计提方法前后各期是否一致，计算及会计处理是否正确。 4. 审阅公司管理文件，检查是否建立准备金计量工作流程。 5. 审阅公司章程、股东大会和董事会文件和会议纪要，检查是否建立由公司董事会负总责，管理层、职能部门和经办岗位分级授权，权责分明，分工合作，相互制约的内控体系。 6. 调阅公司内控制度相关文件、产品目录、条款、本年度计算评估资料、准备金评估的工作流程说明、上年度准备金检查报告等文件，检查未到期责任准备金计提是否真实。 7. 抽查不同类型的产品，审核未到期责任准备金评估公式，检查其与统计报表、信息系统数的计算方法是否一致，是否符合有关规定。 8. 审阅公司管理文件，检查是否建立准备金计量报告的会签制度。 9. 抽查计提未到期责任准备金的项目，其到期日是否早于报表日。 10. 检查本期转销的未到期责任准备金金额是否正确，是否存在已到期业务或提前解除合同未被剔除的情况。 11. 检查资产负债表日未到期责任准备金调整处理方法是否合理。 12. 结合资金运用情况，分析未到期责任准备金运用是否合理合规。

表 6－66　　担保赔偿准备金检查表

内涵	担保公司为尚未终止的担保合同在担保人未按合同履行义务，担保公司发生代偿义务支付赔偿金而提取的准备金，包括代偿准备金和理赔费用准备金。
风险点	1. 未按规定的标准、比例计提担保赔偿准备金。 2. 担保赔偿准备金计算方法前后各期不一致。 3. 信息数据的来源不真实，没有覆盖所有业务。 4. 会计报表数据和统计报表、信息系统数据不一致。 5. 代偿发生时未冲销担保赔偿准备金。 6. 未提取理赔费用准备金。 7. 资产负债表日未进行充足性测试，调整处理方法不当。 8. 担保赔偿准备金资金运用不当。 9. 担保赔偿准备金账务处理不正确。

续表

检查技术	1. 获取或编制担保赔偿准备金明细表，并与明细账、总账、会计报表核对余额是否相符。 2. 结合新会计准则，检查担保赔偿准备金计提的依据、方法、比例是否合理。 3. 检查担保赔偿准备金计提方法前后各期是否一致；计算及会计处理是否正确。 4. 审阅公司管理文件，检查是否建立准备金计量工作流程。 5. 审阅公司章程、股东大会和董事会文件和会议纪要，检查是否建立由公司董事会负总责，管理层、职能部门和经办岗位分级授权，权责分明，分工合作，相互制约的内控体系。 6. 调阅公司内控制度相关文件、本年度计算评估资料、准备金评估的工作流程说明、上年度准备金检查报告等文件，检查准备金计提是否真实。 7. 抽查准备金评估公式，检查其与统计报表、信息系统数的计算方法是否一致，是否符合有关规定。 8. 审阅公司管理文件，检查是否建立准备金计量报告的会签制度。 9. 检查本期转销的担保赔偿准备金金额是否正确，是否存在已代偿的项目未被剔除的情况。 10. 抽查部分在检查时已代偿的赔案，检验担保赔偿准备金的计提是否恰当，转销是否合理。 11. 结合资金运用情况，分析准备金运用是否合理合规。

表 6－67　　长期应付款检查表

内涵	担保公司除长期借款和应付债券以外的其他各种长期应付款项，包括应付融资租入固定资产的租赁费等。
风险点	1. 长期应付款业务所依据的合同或协议不合理，或根本无相关合同或协议，虚列该账户。 2. 账户设置和使用不合理。 3. 每期支付款项与合同规定不相符合。 4. 付款期满后继续付款。
检查技术	1. 获取或编制长期应付款明细表，并与明细账、总账、会计报表核对余额是否相符。 2. 取得融资租赁合同及相关批准文件，检查公司有无因固定资产购建指标受控等原因而利用长期应付款变相购买的情况。 3. 获取相关业务资料，以证实长期应付款的支付依据是否充分，授权批准手续是否齐全。

续表

检查技术	4. 审阅长期应付款的相关原始凭证、记账凭证及其明细账，检查各项长期应付款的确认对象、范围及其计算是否真实准确。 5. 结合固定资产审计，检查公司有无漏记长期应付款的情况。 6. 向债权人函证重大的长期应付款。 7. 检查各项长期应付款本息的计算是否准确，会计处理是否正确。 8. 审查各项长期应付款相关契约，有无抵押情况，长期应付款的存在是否合法、合规。

表 6－68　　未确认融资费用检查表

内涵	担保公司融资租入固定资产应分期计入利息费用的未确认融资费用。
风险点	1. 未确认融资费用业务所依据的合同或协议不合理，或根本无相关合同或协议，虚列该账户。 2. 账户设置和使用不合理。 3. 计算不准确。 4. 未按实际利率法摊销，任意改变摊销期限和摊销方法。
检查技术	1. 获取或编制未确认融资费用明细表，并与明细账、总账、会计报表核对余额是否相符。 2. 检查未确认融资费用科目的核算内容是否符合会计制度的规定。 3. 检查未确认融资费用的计算是否准确，会计处理是否正确。 4. 检查是否按照有关规定摊销转账。

表 6－69　　预计负债检查表

内涵	担保公司在未来将要发生的各项预计的负债，包括对未决诉讼、重组义务、亏损性合同等很可能产生的负债。
风险点	1. 虚列该账户。 2. 账户设置和使用不合理。 3. 计算不准确。
检查技术	1. 获取或编制预计负债明细表，并与明细账、总账、会计报表核对余额是否相符。 2. 检查预计负债科目的核算内容是否符合会计准则的规定。 3. 向债权人函证重大的预计负债。 4. 检查各项预计负债的计算是否准确，会计处理是否正确。

表 6 – 70　　递延所得税负债

内涵	担保公司确认的应纳税暂时性差异产生的所得税负债。
风险点	1. 递延所得税负债计算不正确。 2. 发生和转销不符合规定。 3. 所采用的会计政策不恰当。 4. 将可抵扣暂时性差异确认为递延所得税负债。
检查技术	1. 获取或编制递延所得税负债明细表，并与明细账、总账、会计报表核对余额是否相符。 2. 检查采用的会计政策是否恰当，前后期是否一致。 3. 检查是否按规定设置递延所得税负债备查登记簿，审核其记录的差异原因、金额、预计转销期，各期转销额是否与明细表一致。 4. 审核本期发生额的内容是否符合会计准则及有关规定，有否与可抵扣暂时性差异相混淆，金额计算是否正确。 5. 预计转销期间是否合理合规，复核本期转销额是否正确。

第三节
共同类项目的检查技术

表 6 – 71　　货币兑换检查表

内涵	担保公司采用外币分账制核算外币交易所产生的不同币种之间的兑换。
风险点	1. 虚列该账户。 2. 账户设置和使用不合理。 3. 外汇买卖计算不符合国家有关规定。 4. 与境内外炒汇公司勾结和串通，进行私下交易。 5. 外汇买卖不履行规定的审批程序，手续不完备。 6. 期末未按照会计准则要求结转汇兑损益。
检查技术	1. 获取或编制货币兑换明细表，并与明细账、总账、会计报表核对余额是否相符。 2. 检查货币兑换科目的核算内容是否符合会计准则的规定。 3. 核对所用汇率是否正确。 4. 检查各项货币兑换的计算是否准确，会计处理是否正确。 5. 检查与货币兑换有关的汇兑损益是否按规定进行了会计处理。

表 6－72 衍生工具检查表

内涵	担保公司除套期保值外，即为投机套利而持有的衍生金融工具。
风险点	1. 虚列该账户。 2. 账户设置和使用不合理。 3. 未按公允价值计量。 4. 在表外披露。
检查技术	1. 获取或编制衍生工具明细表，并与明细账、总账、会计报表核对余额是否相符。 2. 检查衍生工具科目的核算内容是否符合会计准则的规定，是否合法合规。 3. 检查各项衍生工具的计算是否准确，会计处理是否正确。 4. 验明衍生工具是否恰当披露。

表 6－73 套期工具检查表

内涵	担保公司开展套期保值业务（包括公允价值套期、现金流量套期和境外经营净投资套期）套期工具公允价值及其变动形成的资产或负债。
风险点	1. 虚列该账户。 2. 账户设置和使用不合理。 3. 计量不准确。 4. 未按标准分类。 5. 在表外披露。
检查技术	1. 获取或编制套期工具明细表，并与明细账、总账、会计报表核对余额是否相符。 2. 检查套期工具科目的核算内容是否符合会计准则的规定，是否合法合规。 3. 核对是否按标准分类。 4. 检查各项套期工具的计算是否准确，会计处理是否正确。 5. 验明套期工具是否恰当披露。

表 6－74 被套期项目检查表

内涵	担保公司开展套期保值业务被套期项目公允价值及其变动形成的资产或负债。
风险点	1. 虚列该账户。 2. 账户设置和使用不合理。 3. 计量不准确。 4. 在表外披露。
检查技术	1. 获取或编制被套期项目明细表并与明细账、总账、会计报表核对余额是否相符。 2. 检查被套期项目科目的核算内容是否符合会计准则的规定，是否合法合规。 3. 检查各项被套期项目的计算是否准确，会计处理是否正确。 4. 验明被套期项目是否恰当披露。

第四节 所有者权益项目的检查技术

表 6－75 实收资本检查表

内涵	投资者实际投入的资本（或股本）总额。
风险点	1. 股东出资不实或抽逃资本。 2. 资本公积与盈余公积转增资本不符合相关监管法规与会计准则规定。 3. 中方、外方投资的出资方式不符合法律规定。 4. 外方投入的实物资产未经过评估确认。 5. 投资者以抵押物作为投入资本，骗取投资收益。 6. 无形资产所占比重过高，或单纯以无形资产投资。 7. 不具备与国家规定和经营规模相适应的资本数额。 8. 投资者出资不符合规定。 9. 未实际出资，没有相应的原始单据，搞虚假投资；或伪造、涂改变造投资依据。
检查技术	1. 获取或编制实收资本明细表，并与明细账、总账、会计报表核对余额是否相符。 2. 检查投资者是否已按合同、协议、章程约定的时间缴付出资额，出资总额是否满足相关法律规定，是否经中国注册会计师验证，如验证，查阅其由注册会计师出具的验资报告。 3. 对于投资者以实物进行投资的，检查实物作价是否合理，并确定是否归投资者所有。 4. 对于投资者以无形资产进行投资的，检查是否具有相关证明文件，无形资产是否经专门机构验证，并办理相关接收手续；计算实收资本（股本）中无形资产总额，以查证其所占的比重是否符合有关规定。 5. 以外币出资的，检查其实收资本（股本）采用的汇率是否符合规定，折算差额的会计处理是否正确。 6. 审阅公司章程、股东大会、董事会会议记录中有关实收资本的规定；搜集董事会会议纪要、合同、协议、公司章程及营业执照、公司设立批文、验资报告等法律性文件，了解实收资本变动情况。 7. 检查实收资本增减变动的原因，查阅其是否与董事会纪要、补充合同、协议及其他有关法律性文件的规定一致，会计处理是否正确。 8. 注意有无抽资或变相抽资的情况，如有，应取证核实，作恰当处理。 9. 根据证券登记公司提供的股东名录，检查委托人及其子公司、合营企业与联营企业是否违反规定持有或相互持有原发行在外的股票。 10. 审查认股权证及其有关交易，检查委托人及认股人是否遵守认股合约或认股权证中的有关规定。

表 6－76 **资本公积检查表**

内涵	担保公司收到投资者出资额超出其在注册资本或股本中所占的份额以及直接计入所有者权益的利得或损失。
风险点	1. 将新投资者缴付的出资额全部作为投入资本。 2. 将发行股票的溢价部分计入当期利润。 3. 将接受捐赠、盘盈的资产转为资本公积。 4. 将可供出售金融资产公允价值变动计入当期损益。
检查技术	1. 获取或编制资本公积明细表，并与明细账、总账、会计报表核对余额是否相符。 2. 检查资本公积增减变动的内容是否确实存在，依据是否充分。 3. 审阅各资本公积项目入账价值的确定是否合理，计算是否正确。 4. 审查资本公积转增资本是否取得股东大会决议、董事会会议纪要和政府批文，是否经授权批准并符合相关政策规定。 5. 根据资本公积明细账，对资本公积发生额逐项审查至原始凭证。

表 6－77 **担保扶持基金检查表**

内涵	担保公司执行国家政策性担保收到的不需偿还的担保扶持基金。
风险点	1. 将担保扶持基金作为投入资本。 2. 将与资产、收益相关的政府补助计入担保扶持基金。 3. 担保扶持基金计价不准确。 4. 虚列担保扶持基金，来源不合理。
检查技术	1. 获取或编制担保扶持基金明细表，并与明细账、总账、会计报表核对余额是否相符。 2. 搜集与担保扶持基金变动有关财政补贴等文件资料，了解担保扶持基金的取得政策。 3. 检查担保扶持基金的增减变动是否符合法律、法规和合同、章程的规定，记录是否完整。 4. 根据担保扶持基金明细账，对发生额逐项审查至原始凭证。

表 6-78　　盈余公积检查表

内涵	担保公司从净利润提取的的积累资金。
风险点	1. 账面数与实际数不相符。 2. 多提或少提盈余公积。 3. 不按规定使用盈余公积。
检查技术	1. 取得或编制盈余公积明细表，并与明细账、总账、会计报表核对余额是否相符。 2. 搜集与盈余公积变动有关的董事会会议纪要、股东大会决议等文件资料，了解盈余公积计提政策。 3. 审查法定盈余公积和任意盈余公积的计提顺序、计提基数、计提比例是否符合有关规定，提取手续是否完备，提取依据是否真实、正确，提取项目是否完整，提取比例是否合法，有无多提或少提，会计处理是否正确。 4. 审查盈余公积的使用是否符合规定用途并授权批准，取得董事会会议纪要、股东大会决议，予以核实，检查有关会计处理是否正确。 5. 审查盈余公积转增资本是否取得股东大会决议、董事会会议纪要和政府批文等，是否经授权批准并符合相关政策规定。

表 6-79　　一般风险准备检查表

内涵	担保公司从净利润提取的一般风险准备。
风险点	1. 账面数与实际数不相符。 2. 多提或少提一般风险准备。 3. 不按规定使用一般风险准备。 4. 将一般风险准备列入负债。
检查技术	1. 取得或编制一般风险准备明细表，并与明细账、总账、会计报表核对余额是否相符。 2. 搜集与一般风险准备变动有关的董事会会议纪要、股东大会决议等文件资料，了解一般风险准备计提政策。 3. 审查一般风险准备计提基数、计提比例是否符合有关规定，提取手续是否完备，提取依据是否真实、正确，提取项目是否完整，提取比例是否合法，有无多提或少提，会计处理是否正确。 4. 通过对一般风险准备账面数据的审查，核实一般风险准备历年提存累计额，扣除批准运用数，是否与银行专户存储相符；各时期是否都完整无缺，有无未经批准运用一般风险准备的问题。 5. 审查一般风险准备的减少是否符合有关规定，是否实现专款专用，取得董事会会议纪要、股东大会决议，予以核实，检查有关会计处理是否正确。 6 通过对一般风险准备使用中履行手续情况的审计，核实一般风险准备的使用是否符合规定程序和手续。

表 6－80　　本年利润检查表

内涵	担保公司在本年度实现的净利润（或发生的净亏损）总额。
风险点	1. 账面数与实际数不相符。 2. 账务处理不正确。 3. 计算不准确。
检查技术	1. 获取损益类科目明细表，复核加计正确，核对是否相符。 2. 获取“利润分配——未分配利润”明细表，核对是否正确结转。 3. 检查本年利润相关凭证，结合所获取的文件资料，检查其会计处理是否正确。

表 6－81　　利润分配检查表

内涵	担保公司利润的分配（或亏损的弥补）和历年分配（或弥补）后的积存余额。
风险点	1. 账面数与实际数不相符。 2. 账务处理不正确。 3. 未按规定进行利润分配。 4. 明细账设置不完整。
检查技术	1. 获取或编制利润分配明细表，并与明细账、总账、会计报表核对余额是否相符。 2. 搜集与分配利润有关的董事会会议纪要、股东大会决议、有关合同、协议、公司章程等文件资料，了解利润分配政策。 3. 对照董事会会议纪要、股东大会决议、利润分配方案等资料，检查利润分配比例是否符合合同、协议、章程以及董事会决议的规定，利润分配数额及年末未分配利润数额是否正确。 4. 根据审计结果调整本年损益数，直接增加或减少未分配利润，确定调整后的未分配利润数。 5. 检查利润分配的相关凭证，结合所获取的文件资料，检查其会计处理是否正确。 6. 验明未分配利润在资产负债表上的披露是否恰当。

表 6－82　　库存股检查表

内涵	担保公司收购的尚未转让或注销的本公司股份金额。
风险点	1. 随意收购或抽逃资本。 2. 收购程序不符合法律规定。 3. 没有相应的原始单据，搞虚假收购。
检查技术	1. 获取或编制库存股明细表，并与明细账、总账、会计报表核对余额是否相符。 2. 检查库存股增减变动的原因，查阅其是否与董事会纪要、补充合同、协议及其他有关法律性文件的规定一致，会计处理是否正确。 3. 审阅公司章程、股东大会、董事会会议记录中有关库存股的规定；搜集董事会会议纪要、合同、协议、公司章程及营业执照、公司设立批文、验资报告等法律性文件，了解库存股变动情况。 4. 注意有变相抽资的情况，如有，应取证核实，作恰当处理。 5. 检查股东是否已按合同、协议、章程约定时间减少出资额，是否经中国注册会计师审验。 6. 验明库存股的披露是否恰当。

表 6－83　　其他权益工具检查表

内涵	公司发行的除普通股以外分类为权益工具的金融工具。
风险点	1. 其他权益工具的确认不符合规定。 2. 其他权益工具的计量不准确。 3. 将其他权益工具和金融负债相混淆。 4. 优先股和永续债在报表中未单独列示。 5. 赎回时程序不符合规定。
检查技术	1. 获取或编制其他权益工具明细表，并与明细账、总账、会计报表核对余额是否相符。 2. 检查发行优先股、永续债相关证明文件，检查其发行程序是否满足相关法律规定，是否经中国注册会计师验证，如验证，查阅其由注册会计师出具的验资报告。 3. 审阅公司章程、股东大会、董事会会议记录中有关其他权益工具的规定；搜集董事会会议纪要、合同、协议、公司章程及营业执照、公司设立批文、验资报告等法律性文件，了解其他权益工具变动情况。 4. 检查其他权益工具增减变动的原因，查阅其是否与董事会纪要、补充合同、协议及其他有关法律性文件的规定一致，会计处理是否正确。 5. 注意有无变相赎回的情况，如有，应取证核实，作恰当处理。 6. 验明其他权益工具在报表中的披露是否恰当。

第五节
收入项目的检查技术

表 6－84　利息收入检查表

内涵	担保公司存款、贷款、拆出资金等发生的利息收入，不包括定期存款的利息收入。
风险点	1. 掩盖资金使用状况，存在账外利息收入。 2. 账务处理不正确。 3. 利息收入入小金库。
检查技术	1. 取得或编制利息收入明细表，并与明细账、总账、会计报表核对合计数是否相符。 2. 抽取期中若干张计息单，编制测试表，检查利息收入的计算是否正确。 3. 复核利息收入的性质、金额及会计处理是否正确。 4. 结合资金运用的检查，检查利息收入是否合理合法，是否存在应计未计的利息收入。

表 6－85　保费收入检查表

内涵	担保公司承担担保风险而按原担保合同、再担保合同规定向投保人收取的款项，包括担保费收入和分担保费收入。
风险点	1. 保费收入的确认缺乏真实、合规的担保交易内容，虚增保费或出于洗钱目的确认保费收入。 2. 以借款、集资方式投保，以实物抵交保费，以代偿和提取手续费方式提取资金后转入保费账户，虚构担保标的进行虚假承保。 3. 保费收入不按权责发生制原则确认，截留保费。 4. 按扣除手续费、担保费回扣后的净保费入账。 5. 通过撕单、埋单、制作鸳鸯单形成体外循环。 6. 虚列费用较高项目的保费收入。 7. 将当年的保费收入递延至次年反映，通过批单或者账务处理进行退费。 8. 采取寅吃卯粮的办法将次年保费转入当年，完成任务后在次年又冲回。 9. 分担保费收入的确认不符合条件。

续表

风险点	10. 分担保费收入未在恰当的会计期间预估入账。 11. 关联公司之间的保费收入未能恰当披露。
检查技术	1. 取得或编制保费收入明细表，并与明细账、总账、会计报表核对合计数是否相符。 2. 查阅保费收入的确认原则和方法，判断其是否符合会计准则规定的收入确认条件，前后是否一致。 3. 将各月度、年份保费收入会计资料进行横向对比，看有无异常波动情况，如有重大波动应审查其原因是否合理，并进一步查证收入的合理性和合法性。 4. 获取担保合同，并对合同内容进行逐项审查，判断担保合同中所列保费金额是否逐一入账，其确认是否合法，有无合同中保费收入与实际收入不一致的现象。 5. 对保费收入实施截止性测试，确定收入的会计分录归属期是否正确；有无将应该记入本期或下期的收入推延至下期或提前至本期的情况。 6. 通过对决算日应收保费款项账龄分析，有选择性对其进行函证，审查担保公司有无末入账的保费收入，进而分析其收入的入账是否完整；结合对决算日应收保费的函证程序，观察有无未经认可的巨额收入。 7. 查阅保费收入原始单据，看有无用冲减收入的办法支付业务回扣的行为。 8. 从记账凭证中抽取若干张入账保费发票，与保单业务留存联或电脑业务系统的记录核对，检查投保人、承保日期、保费金额等项目的记录是否一致，保费金额的计算是否与有关条款相符。 9. 从单证管理室抽取若干张生效保单，与记账凭证的记录核对，检查保费收入是否入账，投保人、承保日期、保费金额等项目的记录是否一致。 10. 检查会计报表反映的保费收入总额是否与业务系统和单证统计资料的记录相符。 11. 检查直接在“保费收入”科目冲减保费的会计处理是否合理，依据是否充足。 12. 抽取大额保费收入对应的保单档案，检查投保资料是否规范、完备，核保流程、手续是否符合公司的规定，检查印鉴使用登记本，相关保单是否另附协议，是否具有真实、合规的担保交易内容。 13. 结合检查已签保单档案，核实已签保单是否连号，对缺号现象应查明原因；检查空白保单与已用保单是否衔接；检查保费收据、保单的领用、销号程序是否严密、合规。 14. 抽取分入业务有关合同，复核分入保费的性质、金额、会计处理是否正确，是否符合收入的确认条件，预估方法是否合理，是否记录在恰当的会计期间。

表 6－86 其他业务收入检查表

内涵	担保公司确认的与经常性活动相关的其他活动收入，如评审费收入、租金收入、手续费收入、咨询服务收入、代保管收入、账户管理收入等。
风险点	1. 其他业务收入不入账，或多收少计。 2. 账务处理不正确。 3. 隐瞒收入，入小金库。
检查技术	1. 取得或编制其他业务收入明细表，并与明细账、总账、会计报表核对合计数是否相符。 2. 复核其他业务收入的性质、金额及会计处理是否正确。 3. 抽查冲减其他业务收入的会计记录，检查依据是否充足、合理，并查明有关资金的真实流向。 4. 将其他业务收入各月度、年份会计资料进行横向对比，看有无异常波动情况，如有重大波动应审查其原因是否合理，并进一步查证收入的合理性和合法性。 5. 对其他业务收入实施截止性测试，确定其会计分录归属期是否正确；有无将应该记入本期或下期的收入推延至下期或提前至本期的情况。 6. 通过对其他业务收入原始单据的检查，看有无用冲减收入的办法支付业务回扣的行为。

表 6－87 汇兑损益检查表

内涵	担保公司外币货币性项目因汇率变动而形成的收益或损失。
风险点	1. 外汇买卖不符合国家有关规定。 2. 与境内外炒汇公司勾结和串通，进行私下交易。 3. 外汇买卖不履行规定的审批程序，手续不完备。 4. 未按照会计准则要求充分计算汇兑损益。
检查技术	1. 获取或编制汇兑损益明细表，并与明细账、总账、会计报表核对合计数是否相符。 2. 审查汇兑损益明细账，检查汇兑损益计算方法是否正确，核对所用汇率是否正确，前后期是否一致。 3. 将汇兑损益各月度、年份会计资料进行横向对比，看有无异常波动情况，如有重大波动应审查其原因是否合理，并进一步查证其合理性和合法性。 4. 对汇兑损益实施截止性测试，确定其会计分录归属期是否正确；有无将应该记入本期或下期的汇兑损益推延至下期或提前至本期的情况。

表 6－88　**公允价值变动损益检查表**

内涵	担保公司在初始确认时划分为以公允价值计量且其变动应当计入当期损益的金融资产或金融负债（包括交易性金融资产或负债和直接指定以公允价值计量且其变动应当计入当期损益的金融资产或金融负债），以及采用采用公允价值计量模式计量的投资性房地产、衍生工具和套期业务中公允价值变动形成的应计入当期损益的利得或损失。
风险点	1. 公允价值计价不合理。 2. 未按照会计准则要求充分计算公允价值变动损益。 3. 利用公允价值变动调整利润。
检查技术	1. 获取或编制公允价值变动损益明细表，并与明细账、总账、会计报表核对合计数是否相符。 2. 审查公允价值变动损益明细账，检查公允价值变动损益计算方法是否正确，核对所用计价标准是否正确，前后期是否一致。 3. 将公允价值变动损益各月度、年份会计资料进行横向对比，看有无异常波动情况，如有重大波动应审查其原因是否合理，并进一步查证其合理性和合法性。 4. 对公允价值变动损益实施截止性测试，确定其会计分录归属期是否正确；有无将应该记入本期或下期的公允价值变动损益推延至下期或提前至本期的情况。

表 6－89　**投资收益检查表**

内涵	担保公司以各种方式对外投资所取得的收益或损失，包括公司根据投资性房地产准则确认的采用公允价值计量模式计量的投资性房地产的租金收入和处置损益，处置交易性金融资产、可供出售金融资产、长期股权投资实现的损益，以及持有至到期投资和买入返售金融资产在持有期间取得的投资收益和处置损益。定期存款的利息收入也包括在内。
风险点	1. 违反有关资金运用规定获取投资收益。 2. 投资收益的计价基础不符合会计准则要求。 3. 投资收益账务处理不准确。
检查技术	1. 获取或编制投资收益明细表，并与明细账、总账、会计报表核对合计数是否相符。 2. 检查投资收益的会计凭证，结合银行存款、交易性金融资产、可供出售金融资产、长期股权投资、持有至到期投资、买入返售金融资产、投资性房地产等账户的检查，取证核实投资收益的计算是否正确，依据是否充分，期间归属是否恰当。 3. 按成本法核算的长期股权投资应取得相关原始凭证，检查其会计处理是否正确。 4. 按权益法核算的长期股权投资，应审核被投资单位的会计报表，注意其是否按权益比例计算投资收益，会计处理是否正确。注意被投资单位当年增加的资本公积是否按投资比例误入投资收益。 5. 检查股权投资差额的摊销的会计处理是否正确。 6. 检查转让、出售股票、债券的交易凭证是否齐全、合法，会计处理是否正确。 7. 将投资收益各月度、年份会计资料进行横向对比，看有无异常波动情况，如有重大波动应审查其原因是否合理，并进一步查证其合理性和合法性。

表 6－90 摊回担保赔偿准备金检查表

内涵	再担保分出人从事再担保业务应向再担保接受人摊回的担保赔偿准备金。
风险点	1. 摊回担保赔偿准备金未在恰当的会计期间记录。 2. 摊回担保赔偿准备金计算不准确。 3. 摊回担保赔偿准备金未在利润表中进行披露。
检查技术	1. 取得或编制摊回担保赔偿准备金明细表，并与明细账、总账、会计报表核对合计数是否相符。 2. 抽查分出分保业务的有关合同，复核摊回担保赔偿准备金的性质、金额及会计处理是否正确。 3. 了解摊回担保赔偿准备金的会计政策，检查各期采取的会计政策是否一致。 4. 将摊回担保赔偿准备金各月度、年份会计资料进行横向对比，看有无异常波动情况，如有重大波动应审查其原因是否合理，并进一步查证其合理性和合法性。 5. 对摊回担保赔偿准备金实施截止性测试，确定其会计分录归属期是否正确，是否在提取原担保合同担保赔偿准备金的当期计算确定的应向再担保接受人摊回的担保赔偿准备金金额。 6. 验明摊回分保费用的披露是否恰当。

表 6－91 摊回赔付支出检查表

内涵	再担保分出人向再担保接受人摊回的赔付成本。
风险点	1. 摊回赔付支出未在恰当的会计期间记录。 2. 摊回赔付支出计算不准确。 3. 摊回赔付支出未在利润表中进行披露。
检查技术	1. 取得或编制摊回赔付支出明细表，并与明细账、总账、会计报表核对合计数是否相符。 2. 抽查分出分保业务的有关合同，复核摊回赔付支出的性质、金额及会计处理是否正确。 3. 了解摊回赔付支出的会计政策，检查各期采取的会计政策是否一致。 4. 将摊回赔付支出各月度、年份会计资料进行横向对比，看有无异常波动情况，如有重大波动应审查其原因是否合理，并进一步查证其合理性和合法性。 5. 对摊回赔付支出实施截止性测试，确定其会计分录归属期是否正确，是否在确定支付赔付款项金额或实际发生理赔费用而确认原担保合同赔付成本的当期计算确定的应向再担保接受人摊回的赔付成本。 6. 验明摊回赔付支出的披露是否恰当。

表 6－92　**摊回分保费用检查表**

内涵	再担保分出人向再担保接受人摊回的分保费用。
风险点	1. 摊回分保费用未在恰当的会计期间记录。 2. 摊回分保费用计算不准确。 3. 摊回分保费用未在利润表中进行披露。
检查技术	1. 取得或编制摊回分保费用明细表，并与明细账、总账、会计报表核对合计数是否相符。 2. 抽取分出分保业务有关的合同，复核摊回分保费用的性质、金额及会计处理否正确。 3. 了解摊回分保费用的会计政策，检查各期采取的会计政策是否一致。 4. 将摊回分保费用各月度、年份会计资料进行横向对比，看有无异常波动情况，如有重大波动应审查其原因是否合理，并进一步查证其合理性和合法性。 5. 对摊回分保费用实施截止性测试，确定其会计分录归属期是否正确，是否在确认原担保合同担保费收入的当期计算确定的应向再担保接受人摊回的分保费用。 6. 验明摊回分保费用的披露是否恰当。

表 6－93　**营业外收入检查表**

内涵	与担保公司业务经营无直接关系的各项收入，包括非流动资产处置利得、非货币性资产交换利得、债务重组利得、政府补助、捐赠利得、罚款收入等。
风险点	1. 营业外收入核算的内容不符合会计准则的规定。 2. 账务处理不正确。 3. 隐瞒营业外收入，入小金库。
检查技术	1. 获取或编制营业外收入明细表，并与明细账、总账、会计报表核对合计数是否相符。 2. 检查营业外收入核算内容是否符合会计准则的规定。 3. 追查至相关原始凭证，与营业外收入中各项目相关账户记录核对是否相符。 4. 抽查营业外收入中金额较大或性质特殊的项目，审核其内容的真实性和依据的充分性。

第六节

费用项目的检查技术

表 6－94 其他业务成本检查表

内涵	担保公司确认的除主营业务活动以外的其他经营活动所发生的支出，比如出租固定资产、出租投资性房地产、出租无形资产、咨询服务、代理业务等发生或结转的相关成本、费用。
风险点	1. 代理手续费、代理人报销费用在其他业务成本科目列支。 2. 少计其他业务成本。 3. 账务处理不正确。
检查技术	1. 获取或编制其他业务成本明细表，并与明细账、总账、会计报表核对合计数是否相符。 2. 检查其他业务成本核算内容是否符合会计准则的规定。 3. 抽查原始凭证，检查其他业务成本内容是否真实、合规，会计处理是否恰当。 4. 与上期其他业务成本比较，如有重大波动，了解波动原因，分析其是否合理。

表 6－95 营业税金及附加检查表

内涵	担保公司经营活动发生的营业税、城市维护建设税、教育费附加等相关税费。
风险点	1. 未按照权责发生制要求计提应计入该会计期间的营业税金及附加。 2. 计算依据不正确，选用的税率不恰当，套用较低的税率。 3. 税收的减免不符合规定，通过欺诈手段虚拟减免税条件，偷税漏税。 4. 城市维护建设税、教育费附加的计算依据和应缴营业税不一致。
检查技术	1. 取得或编制营业税金及附加明细表，并与明细账、总账、会计报表核对合计数是否相符。 2. 根据审定的当期应缴纳营业税的营业收入，检查营业税的计税依据是否正确，适用税率是否符合税法规定，分项复核本期应缴数，并与“应交税费——应交营业税”明细账核对。 3. 检查城市维护建设税、教育费附加等项目的计算依据是否和本期应缴纳营业税一致，并按规定适用的税率或费率计算复核营业税金及附加，审查其会计处理是否正确。 4. 与上期营业税金及附加比较，如有重大波动，了解波动原因，分析其是否合理。

表 6－96　　利息支出检查表

内涵	担保公司按规定借入借款、拆入资金、卖出回购金融资产以及存入分保保证金等发生的利息支出。
风险点	1. 利息支付对象不合规。 2. 少计利息支出。 3. 账务处理不正确。
检查技术	1. 取得或编制利息支出明细表，并与明细账、总账、会计报表核对合计数是否相符。 2. 复核利息支出的性质、金额及会计处理是否正确。 3. 检查利息支出的依据、支付对象是否合规、合法。 4. 与上期利息支出比较，如有重大波动，了解波动原因，分析其是否合理。

表 6－97　　手续费及佣金支出检查表

内涵	担保公司支付给受其委托并在授权范围内代为办理担保业务的担保中介机构的手续费及佣金。
风险点	1. 没有依据真实的代理业务支付手续费及佣金，将一部分直保业务归至代理业务。 2. 通过违规支付手续费及佣金套期资金。 3. 蓄意提高手续费及佣金支出标准，或者将超标准的手续费及佣金支出以开假发票的形式在业务及管理费中列支。 4. 将应付给代理人的手续费或营销员佣金截留，供自己单位使用。 5. 未使用担保中介服务统一发票支付手续费及佣金。 6. 考虑政策的延续、持续激励等因素，没有把要求用于营销员奖励支出的资金用足。变更奖励用途，将用于营销员奖励的资金挪作他用。 7. 套取孤儿保单佣金、向不具资格的个人支付佣金。 8. 业务人员与代理人或营销人员相互串通，以代理人或营销人员的名义骗取手续费或佣金。

续表

检查技术	1. 取得或编制手续费佣金支出明细表，并与明细账、总账、会计报表核对合计数是否相符。 2. 查阅手续费支出明细账，核对手续费支付对象的代理资格，判断领取手续费的单位是否取得合法资格；审核公司行政公章的使用情况，判断是否存在与未取得代理资格的单位签订代理协议。审核公司的佣金支出明细账，查阅对应的财务凭证，审核支付凭证上签名人与保单信息中记载的营销员是否一致，核对佣金领取人的基本资格，判断领取佣金的个人是否取得合法资格。 3. 审核手续费支出和佣金支出明细账，查阅对应的财务凭证，判断公司是否凭正式发票，加盖财务章并以转账的方式支取手续费及佣金；判断领取佣金的个人是否提供税务机关开出的发票。 4. 调阅代理点代理担保业务台账，统计代理业务保费收入，核对保费收入记录，确认代理保费收入业务和财务记录是否真实。 5. 审核业务及管理费科目，重点检查招待费、宣传费、聘用人员工资、办公用品费等明细科目，确认公司是否通过上述明细科目提取现金支付手续费及佣金，或向未具备资格单位支付手续费及佣金。 6. 审核附加佣金支出明细科目，判断是否从中列支直接佣金、兼业代理业务激励费用等；审核佣金率，判断佣金水平是否超过规定的上限。 7. 将本期、上期手续费及佣金支出各明细项目作比较分析，必要时比较本期各月份手续费及佣金支出，对有重大波动和异常情况的项目应查明原因，必要时作适当处理。 8. 抽查大额手续费及佣金支付记账凭证与原始凭证，到有关银行核对转账支票显示的手续费及佣金领取人是否真实。 9. 审核下期期初的手续费及佣金支出明细账，检查手续费及佣金支出各明细项目有无跨期入账的现象。

表 6－98　　提取未到期责任准备金检查表

内涵	担保公司按规定提取的原担保合同未到期责任准备金和再担保合同分保未到期责任准备金。
风险点	1. 未按规定的标准提取未到期责任准备金。 2. 未到期责任准备金提取方法前后各期不一致。 3. 准备金保单信息数据的来源不真实，没有覆盖所有业务。 4. 提取未到期责任准备金会计报表数据和统计报表、信息系统数据不一致。 5. 提取未到期责任准备金资产负债表日调整处理方法不合理。 6. 未到期责任准备金账务处理不正确。 7．滥用会计估计通过多提或少提未到期责任准备金调整利润。

续表

检查技术	1. 取得或编制提取未到期责任准备金明细表，并与明细账、总账、会计报表核对合计数是否相符。 2. 结合新会计准则，检查未到期责任准备金计提的依据、方法、比例是否合理，是否按规定足额提取。 3. 检查未到期责任准备金计提方法前后各期是否一致；计算及会计处理是否正确。 4. 审阅公司管理文件，检查是否建立准备金计量工作流程。 5. 审阅公司章程、股东大会和董事会文件和会议纪要，检查是否建立由公司董事会负总责，管理层、职能部门和经办岗位分级授权，权责分明，分工合作，相互制约的内控体系。 6. 调阅公司内控制度相关文件、产品目录、条款、本年度计算评估资料、准备金评估的工作流程说明、上年度准备金检查报告等文件，检查未到期责任准备金计提是否真实。 7. 抽查不同类型的产品，审核未到期责任准备金评估公式，检查其与统计报表、信息系统数的计算方法是否一致，是否符合有关规定。 8. 审阅公司管理文件，检查是否建立准备金计量报告的会签制度。 9. 抽查计提未到期责任准备金的项目，其到期日是否早于报表日。 10. 检查本期转销的未到期责任准备金金额是否正确，是否存在已到期业务或提前解除合同未被剔除的情况。 11. 检查资产负债表日未到期责任准备金调整处理方法是否合理。

表 6－99　　提取担保赔偿准备金检查表

内涵	担保公司为尚未终止的担保合同在担保人未按合同履行义务，担保公司发生代偿义务支付赔偿金而提取的准备金。
风险点	1. 未按规定的标准、比例计提担保赔偿准备金。 2. 担保赔偿准备金提取方法前后各期不一致。 3. 信息数据的来源不真实，没有覆盖所有业务。 4. 会计报表数据和统计报表、信息系统数据不一致。 5. 代偿发生时未冲销担保赔偿准备金。 6. 未提取理赔费用准备金。 7. 代偿发生时存在不报或漏报。 8. 未决赔案结案不及时、撤案或拒赔的案件缺少统计。 9. 对临近报表日发生的代偿，不进行立案登记；将未决视为拒赔，下一年度进行修正。 10. 资产负债表日未进行充足性测试，调整处理方法不当。 11. 通过多提或少提担保赔偿准备金调整利润。

续表

检查技术	1. 取得或编制提取担保赔偿准备金明细表，并与明细账、总账、会计报表核对合计数是否相符。 2. 结合新会计准则，检查担保赔偿准备金计提的依据、方法、比例是否合理。 3. 检查担保赔偿准备金计提方法前后各期是否一致；计算及会计处理是否正确。 4. 审阅公司管理文件，检查是否建立准备金计量工作流程。 5. 审阅公司章程、股东大会和董事会文件和会议纪要，检查是否建立由公司董事会负总责，管理层、职能部门和经办岗位分级授权，权责分明，分工合作，相互制约的内控体系。 6. 调阅公司内控制度相关文件、本年度计算评估资料、准备金评估的工作流程说明、上年度准备金检查报告等文件，检查准备金计提是否真实。 7. 抽查准备金评估公式，检查其与统计报表、信息系统数的计算方法是否一致，是否符合有关规定。 8. 审阅公司管理文件，检查是否建立准备金计量报告的会签制度。 9. 检查本期转销的担保赔偿准备金金额是否正确，是否存在已确认并代偿的项目未被剔除的情况。 10. 抽查部分在检查日已代偿的赔案，检验公司担保赔偿准备金的计提是否恰当，转销是否合理。 11. 对下一个会计年度的代偿进行跟踪检查，判断上一个会计期末计提的担保赔偿准备金是否与实际支付的情况出现较大差异，核实是否存在利用提取担保赔偿准备金人为调节当前会计利润的现象。

表 6－100　　赔付支出检查表

内涵	担保人未按合同约定履行义务，由担保人代其履行义务而支付的代偿赔付款及处理担保事故的相关费用支出。
风险点	1. 代偿支出计算不准确 2. 通过代偿支出套取资金。 3. 损小报大，非担保责任通融代偿、人情代偿。 4. 通融代偿与大额代偿支出没有经过相应的授权批准。 5. 制造假赔案或压赔案、将当年代偿支出调节到未达账项等诸多方式人为地增加或减少赔款。 6. 虚列代偿支出，内外串通进行骗赔。 7. 将代偿无关的费用列支到理赔费用。 8. 实际代偿与财务做账两套依据，侵吞套出部分的差额款。 9. 扩大代偿金额，利用保户提供的已加盖投保人公章的空白《代偿通知书》，在客户联和记账联填写不同的代偿金额，再分别开出支票，纳入自己的小金库。

续表

风险点	10. 与投保人、或鉴定机构、或中介机构或其他有关方恶意串通，伪造、变造证明材料，骗取担保金。 11. 存在倒签单代偿（先代偿后签单）。 12. 蓄意置换被担保人、向被担保人支付超额代偿款后收取返还。
检查技术	1. 取得或编制赔付支出明细表，并与明细账、总账、会计报表核对合计数是否相符。 2. 查阅各项代偿支出有无承保合同，合同中各相关条款是否属实（包括签订合同人、履行合同的条件、合同的数额、合同的有效期限）。 3. 审核各项代偿支出有无在代偿登记表上反映，各代偿支出所附原始凭证是否完整，主要查看有无被担保人的索赔申请书、索赔损失原始凭证（据）、代偿款计算书等记录。 4. 检查各代偿支出项目所附原始凭证的填写是否完整，有无遗漏或填写不清的情况，有无未填写项目，检查手续履行情况，另将各项代偿支出明细账与案卷中的代偿金额对照，看是否相符，有无多记虚记的情况。 5. 逐一复核验证代偿计算书中所列数据，以核对各项数据与所附单据和相关单据中的数据是否一致。 6. 检查财务记录和业务记录，交叉核对，检查代偿金额、代偿金领款人、代偿日期等项目内容是否一致。 7. 检查代偿支付是否正确执行有关报备的担保条款，如果理赔结果与担保条款有出入，则检查通融代偿是否有经过相应的授权批准。 8. 检查代偿手续是否完备、规范。 9. 检查代偿支付对象和支付方式是否合规。 10. 检查相关的理赔档案中是否有具有相应权限的核赔人员签字。 11. 检查代偿支出是否与理赔档案中的相关原始凭证及证据相符。 12. 抽查代偿支付记账凭证与原始凭证，到有关银行核对转账支票显示的代偿领取人是否真实。 13. 检查公司是否建立重大、疑难、虚假案件会商和复核调查制度；是否建立紧急事件处理机制；是否建立调查与理赔处理、理赔处理与复核必须由不同理赔人员完成的“双人”制度。

表 6－101　　退保金检查表

内涵	长期担保合同（担保期限在 1 年以上）投保人或被担保人办理退保时，按担保条款规定支付给投保人或受益人的保单现金价值。
风险点	1. 退保金给付对象和给付方式不合规，存在洗钱目的。 2. 通融退保没有遵循公司适当的授权。 3. 以退保方式转保。 4. 退保金没有按现金价值结转。 5. 未经客户允许，伪造相关资料，擅自将客户保单退保，骗取退保金。 6. 编造虚假证明虚假退保。 7. 支付退保金时现金流不足。 8. 关联方退保不符合披露要求。
检查技术	1. 取得或编制退保金明细表，并与明细账、总账、会计报表核对合计数是否相符。 2. 查阅各项退保金有无承保合同，合同中各相关条款是否属实（包括签订合同人、履行合同的条件、合同的数额、合同的有效期限）。 3. 审核各项退保金所附原始凭证是否完整，主要查看有无退保申请书、退保计算书等记录。 4. 检查各退保金所附原始凭证的填写是否完整，有无遗漏或填写不清的情况，有无末填写项目，检查手续履行情况，有无多记虚记的情况。 5. 逐一复核验证退保计算书中所列数据，以核对各项数据与所附单据和相关单据中的数据是否一致。 6. 抽查退保金记账凭证与原始凭证，到有关银行核对记账凭证显示的退保金领取人是否真实，即转账支票账户与其抬头确实为同一投保人。 7. 检查记录退保金的科目使用、记录期间、记录金额等会计处理是否正确。 8. 抽查财务记录和业务记录，交叉核对，检查退保金、退保金领款人、退保日期等项目内容是否一致。 9. 抽查退保的大额保单和退保频繁的保单业务档案，检查退保金给付是否正确执行有关报备的担保条款，退保手续是否完备、规范，退保金给付对象和给付方式是否合规。 10. 抽查退保的保单和担保业务档案，核实退保金的金额是否与保单的现金价值相符，如果出现通融退保，档案是否显示该项退保经过了恰当的授权。

表 6－102 分出保费检查表

内涵	再担保分出人向再担保接受人分出的保费。
风险点	1. 分出保费未在恰当的会计期间记录。 2. 分出保费计算不准确。
检查技术	1. 取得或编制分出保费明细表，并与明细账、总账、会计报表核对合计数是否相符。 2. 抽取分出分保业务有关的合同，复核分出保费的性质、金额及会计处理是正确。 3. 了解分出保费的会计政策，检查各期采取的会计政策是否一致。 4. 将分出保费各月度、年份会计资料进行横向对比，看有无异常波动情况，如有重大波动应审查其原因是否合理，并进一步查证其合理性和合法性。 5. 对分出保费实施截止性测试，确定其会计分录归属期是否正确，是否在确认原担保合同担保费收入的当期计算确定分出保费。

表 6－103 分保费用检查表

内涵	再担保接受人向再担保分出人支付的分保费用。
风险点	1. 分保费用未在恰当的会计期间记录。 2. 分保费用预估不准确。
检查技术	1. 取得或编制分保费用明细表，并与玥细账、总账、会计报表核对合计数是否相符。 2. 抽取分出分保业务有关的合同，复核分保费用的性质、金额及会计处理是否正确。 3. 了解分保费用的会计政策，检查各期采取的会计政策是否一致。 4. 将分保费用各月度、年份会计资料进行横向对比，看有无异常波动情况，如有重大波动应审查其原因是否合理，并进一步查证其合理性和合法性。 5. 对分保费用实施截止性测试，确定其会计分录归属期是否正确，是否在当期确认的预估分担保费收入和再担保合同约定的分保费用率，计算确定应计入当期的分保费用金额。

表 6 - 104　　业务及管理费检查表

内涵	担保公司在担保业务经营及管理工作中发生的各项费用，包括业务相关费用、职工薪酬、财产相关费用、外部监管费、中介费用、办公费用等。
风险点	1. 利用不真实、不合规的原始凭证列支业务及管理费，套取款项。 2. 代理人报销费用，用业务及管理费支付代理机构手续费。 3. 没有费用指标时采用压发票、不入账等方式，待批准费用指标，再入账反映。 4. 各项费用串户使用，逃避相关财务指标的约束。比如，将超标准的业务招待费转为会议费，职工福利费转入劳动保护费，甚至在赔案中以理赔费用的名义大量列支经营费用。 5. 费用支出以假发票在修理费中列支。 6. 虚增费用、套取现金购置账外资产。 7. 业务及管理费各明细科目使用不规范。 8. 手续费、佣金、业务及管理费混列。
检查技术	1. 取得或编制业务及管理费明细表，并与明细账、总账、会计报表核对合计数是否相符。 2. 检查明细科目的设置是否符合规定的核算内容与范围。 3. 查阅各项业务及管理费的原始单据，并采用抽样方法向领款人或单位进行必要的调查询问，以证实业务及管理费是否确实发生。 4. 审核各项业务及管理费的数额是否符合有关规定，支出比例是否在允许的支出范围以内，在审核过程中应参照财务部门制定的相关文件。 5. 选择业务及管理费中数额较大，以及本期与上期相比变化异常的项目追查至原始凭证。 6. 检查费用的原始凭证（发票、收据等）来源是否合规、合理。 7. 检查列支费用是否符合规定的列支标准、范围，报销手续是否完备，审批手续、权限是否符合有关规定。 8. 检查计提、摊销费用是否符合规定，与各有关账户的贷方发生额是否一致。 9. 审阅下期期初的业务及管理费明细账，检查业务及管理费各明细项目有无跨期入账的现象。 10. 检查费用报销人和款项领取人是否符合相关规定，必要时到有关银行核对记账凭证显示的收款人是否真实。

表 6－105　　资产减值损失检查表

内涵	担保公司计提各项资产减值准备所形成的损失，包括应收款项、低值易耗品、损余物资、抵债资产、长期股权投资、持有至到期投资、固定资产、无形资产、投资性房地产、贷款等资产发生减值应计提的各项准备。
风险点	1. 不恰当计提资产减值损失，以调节年度利润。 2. 计算不准确。 3. 账务处理不正确。
检查技术	1. 获取或编制资产减值损失明细表，并与明细账、总账、会计报表核对合计数是否相符。 2. 检查明细科目的设置是否符合规定的核算内容与范围。 3. 检查资产减值损失内容是否真实、合规，会计处理是否恰当，抽查原始凭证。 4. 抽取大额资产减值损失发生的记账凭证及相关文件、资料、以查核其发生的依据和计提的数额是否正确；特别要注意是否有故意多提、少提，以调节利润的问题。 5. 与上期资产减值损失比较，如有重大波动，了解波动原因，分析其是否合理。

表 6－106　　营业外支出检查表

内涵	担保公司发生的与经营业务无直接关系的各项支出，包括非流动资产处置损失、非货币性资产交换损失、债务重组损失、公益性捐赠支出、非常损失、盘亏损失等。
风险点	1. 营业外支出科目核算的内容不符合会计准则的规定。 2. 少计营业外支出。 3. 账务处理不正确。
检查技术	1. 获取或编制营业外支出明细表，并与明细账、总账、会计报表核对合计数是否相符。 2. 检查明细科目的设置是否符合规定的核算内容与范围。 3. 查阅各项营业外支出的原始单据，并采用抽样方法向领款人或单位进行必要的调查询问，以证实营业外支出是否确实发生。 4. 审核各项营业外支出的数额是否符合符合财务制度的规定，支出比例是否在允许的支出范围以内。 5. 对营业外支出的各项目相关账户记录核对是否相符，并追查至相关原始凭证。 6. 对非常损失应详细检查有关资料及审批文件，检查依据是否充足，有关会计处理是否正确。

表 6-107　　所得税费用检查表

内涵	担保公司应从当期利润总额中扣除的所得税费用。
风险点	1. 所得税费用计算不合规。 2. 不按规定调整应纳税所得额。 3. 税收的减免和抵扣不符合规定，通过欺诈手段虚拟减免税条件，偷税漏税。
检查技术	1. 获取或编制所得税费用明细表，并与明细账、总账、会计报表核对合计数是否相符。 2. 核实所得税费用的计算依据，检查公司所采用的会计政策是否正确，前后期是否一致。 3. 根据审定后的利润总额，检查所得税的计税依据是否正确，适用税率是否符合税法规定，调整事项是否合理，分项复核本期应缴数，并与“应交税费——应交所得税”明细账核对，复核本期所得税费用是否正确。 4. 与上期所得税比较，如有重大波动，了解波动原因，分析其是否合理。

表 6-108　　以前年度损益调整检查表

内涵	担保公司本年度发生的调整以前年度损益的事项。
风险点	1. 以前年度损益调整的内容不真实、合理。 2. 利用以前年度损益调整，掩盖当期损益。
检查技术	1. 获取或编制以前年度损益调整明细表，并与明细账、总账、会计报表核对合计数是否相符。 2. 逐项审查以前年度损益调整的内容是否真实、合理，会计处理是否正确。对重大调整事项应逐项核实其发生原因、依据和有关资料，复核数据的正确性，并取得有效证据。 3. 验明调整以前年度损益的事项及调整报告年度损益的事项是否已按规定调整相关会计报表项目的数字。

第七章

担保公司监管会计报表与监管指标

第一节 担保公司监管会计报表

一、认可资产表

担保公司的认可资产（Admitted Asset）是指担保监管机构对担保公司进行偿付能力考核时，按照一定的标准予以认可，纳入偿付能力额度计算的资产。担保公司应填报认可资产表。其具体格式如表 7－1 所示。

表 7－1　　认可资产表

编制单位：　　年　月　日　　单位：

序号	项目	本年			上年
		账面价值 (1)	非认可价值 (2)	净认可价值 (3)＝(1)－(2)	净认可价值 (4)
1	现金及流动性管理工具				
1.1	库存现金				
1.2	存放在商业银行的活期存款				
1.3	存放在证券公司的存出投资款				

续表

序号	项目	本年			上年
		账面价值 (1)	非认可价值 (2)	净认可价值 (3)=(1)-(2)	净认可价值 (4)
2	投资资产				
2.1	政府债券				
2.2	定期存款				
2.3	协议存款				
2.4	结构性存款				
2.5	金融债券				
2.6	次级债				
2.7	其他金融债				
2.8	企业债券				
2.9	资产证券化产品				
2.10	信托资产				
2.11	权益投资				
2.12	委托贷款				
2.13	其他投资资产				
3	对子公司、合营企业和联营企业的权益投资				
4	应收及预付款项				
4.1	应收保费				
4.2	应收利息				
4.3	应收股利				
4.4	预付赔付款				
4.5	存出保证金				
4.6	其他应收款				
5	委托投资资产				
6	证券回购				
6.1	买断式逆回购				
6.2	封闭式正回购				
6.3	买断式正回购				
7	固定资产				

续表

序号	项目	本年			上年
		账面价值 (1)	非认可价值 (2)	净认可价值 (3) = (1) - (2)	净认可价值 (4)
8	土地使用权				
9	计算机软件				
10	再担保业务相关资产				
10.1	应收分保款项				
10.2	应收分保合同准备金				
10.3	金融资产				
11	其他资产				
	认可资产合计				

不同类型的资产，其确认标准不一样，具体来说，分为以下几种情况：

（一）现金及流动性管理工具

如果有迹象表明担保公司到期不能处置或者对其处置受到限制的现金及流动性管理工具为非认可资产，包括但不限于：（1）被依法冻结的现金及流动性管理工具；（2）为他人担保而被质押的现金及流动性管理工具；（3）由于交易另一方出现财务危机、被监管机构接管，被宣告破产等事项而导致担保公司对其处置受到限制的现金及流动性管理工具；（4）由于当地的管制，政治动乱、战争、金融危机等原因而导致担保公司对其处置受到限制的境外现金及流动性管理工具。担保公司的下列现金为认可资产：（1）库存现金；（2）存放在商业银行的活期存款；（3）存放在证券公司的存出投资款。担保公司应当以上述现金的账面价值作为其认可价值。

（二）投资资产（不包括担保公司对子公司、合营企业和联营企业的权益投资）

如果有迹象表明担保公司到期不能处置或者对其处置受到限制的投资资产为非认可资产，包括但不限于：（1）被依法冻结的投资资产；（2）为他人担保而被质押的投资资产；（3）由于交易另一方出现财务危机、被监管机构接管、被宣告破产等事项而导致担保公司对其处置受到限制的投资资产；（4）由于当地的管制、政治动乱、战争、金融危机等原因而导致担保公司对其处置受到限制的境外投资资产。按照此标准，各项投资资产可按以下标准确认：

1. 政府债券为认可资产。担保公司应当以政府债券的账面价值作为其认可价值。

2. 担保公司的下列定期存款为认可资产：（1）存放在商业银行的定期存款。（2）存放在中国证券登记结算公司和中央国债登记结算公司的清算备付金。担保公司应当按照如下标准确定定期存款的认可价值：（1）存放在国有独资商业银行和资本充足率不低于8%的非国有独资商业银行的定期存款，以账面价值作为其认可价值；存放在资本充足率低于8%的非国有独资商业银行的定期存款，以账面价值的90%作为其认可价值。（2）存放在中国证券登记结算公司和中央国债登记结算公司的清算备付金，以账面价值作为其认可价值。

3. 协议存款为认可资产。担保公司应当按照如下标准确定协议存款的认可价值：（1）存放在国有独资商业银行和资本充足率不低于8%的非国有独资商业银行的协议存款，以账面价值作为其认可价值；（2）存放在资本充足率低于8%的非国有独资商业银行的协议存款，以账面价值的90%作为其认可价值。

4. 结构性存款为认可资产。担保公司应当按照如下标准确定结构性存款的认可价值：（1）提前支取时银行保证本金的结构性存款，如果存款所在银行的资本充足率不低于8%或存款所在银行为国有独资商业银行，以存款的账面价值作为其认可价值；如果存款所在银行的资本充足率低于8%且非国有独资商业银行，以存款账面价值的90%作为其认可价值。（2）提前支取时银行不保证本金的结构性存款，以账面价值的85%作为其认可价值。

5. 金融债券为认可资产。担保公司应当按照如下标准确定金融债券的认可价值：（1）政策性银行、国有独资商业银行和资本充足率不低于8%的非国有独资商业银行发行的金融债券，以账面价值作为其认可价值；资本充足率低于8%的非国有独资商业银行发行的金融债券，以账面价值的90%作为其认可价值。（2）非银行金融机构发行的信用评级在AA级以上（含AA级）的金融债券，以账面价值作为其认可价值；非银行金融机构发行的信用评级在AA级以下的金融债券，以账面价值的90%作为其认可价值。

6. 次级债为认可资产。担保公司应当按照如下标准确定次级债的认可价值：（1）担保公司发行的次级债，如果发行公司的偿付能力充足率不低于100%，以次级债的账面价值作为其认可价值；如果发行公司的偿付能力充足率低于100%，以次级债账面价值的90%作为其认可价值。（2）商业银行发行的次级债，如果发行银行的资本充足率不低于8%，以次级债的账面价值作为其认可价值；如果发行银行的资本充足率低于8%，以次级债账面价值的90%作为其认可价值。

7. 其他金融债为非认可资产，担保监管机构另有认可标准规定的除外。

8. 企业债券为认可资产。信用评级在AA级以上（含AA级）的企业债券，以账面价值作为其认可价值；信用评级在AA级以下的企业债券，以账面价值的90%作为其认可价值。

9. 资产证券化产品为认可资产。信用评级为AAA级的资产证券化产品，以账面价值作为其认可价值；信用评级在AAA级以下的资产证券化产品，以账面价值的90%作为其认可价值。担保监管机构另有认可标准规定的除外。

10. 信托资产为认可资产。担保公司应当以信托资产账面价值的95%作为其认可价值，担保监管机构另有认可标准规定的除外。

11. 对于权益投资（不包括担保公司对子公司、合营企业和联营企业的权益投资），其中，担保公司持有的未被证券交易所实施特别处理的上市股票为认可资产。担保公司应当以该类股票账面价值的95%作为其认可价值。担保公司持有的被证券交易所实施特别处理的上市股票为非认可资产。证券投资基金为认可资产。担保公司应当以证券投资基金账面价值的95%作为其认可价值。其他权益投资为非认可资产，担保监管机构另有认可标准规定的除外。

12. 委托贷款为认可资产。担保公司应当以委托贷款的账面价值作为其认可价值。其他贷款为非认可资产，担保监管机构另有认可标准规定的除外。

13. 其他投资资产为非认可资产，担保监管机构另有认可标准规定的除外。

（三）担保公司对子公司、合营企业和联营企业的权益投资

担保公司在子公司、合营企业和联营企业中的权益为认可资产。但有迹象表明担保公司不能处置或者对其处置受到限制的在子公司、合营企业和联营企业中的权益为非认可资产，包括但不限于：（1）被依法冻结的权益；（2）为他人担保而被质押的权益；（3）由于被投资单位出现财务危机、被监管机构接管、被宣告破产等事项而导致担保公司对其处置受到限制的权益；（4）由于当地的管制、政治动乱、战争、金融危机等原因而导致担保公司对其处置受到限制的境外权益。担保公司在子公司、合营企业和联营企业中的权益应当以母公

司单独财务报表为依据，并以权益法核算的账面价值作为确定其认可价值的基础。如果子公司、合营企业和联营企业的股票在境内或境外公开、规范的证券交易所上市交易，担保公司应当以权益法核算的账面价值作为其在子公司、合营企业和联营企业中的权益的认可价值。如果子公司、合营企业和联营企业的股票未在境内或境外公开、规范的证券交易所上市交易，担保公司应当以权益法核算的账面价值的95%作为其在子公司、合营企业和联营企业中的权益的认可价值。

（四）应收及预付款项

担保公司应当合理预计应收及预付款项的可收回程度和潜在损失，并计提坏账准备。计提的坏账准备在认可资产表的“非认可价值”中反映。应收及预付款项的确认标准可以分为以下几种情况：

1. 账龄不大于12个月的应收保费为认可资产。其中，账龄不大于3个月的，最高认可金额为其账面余额的100%；账龄大于3个月的但不大于6个月的，最高认可金额为其账面余额的80%；账龄大于6个月的但不大于12个月的，最高认可金额为其账面余额的30%。

2. 下列应收利息为非认可资产：（1）违反担保监管机构规定而持有的资产的应收利息；（2）逾期3个月以上的应收利息。除了上述所列的应收利息之外，其他的应收利息为认可资产。

3. 账龄不大于3个月的应收股利为认可资产，账龄大于3个月的应收股利为非认可资产。

4. 预付赔付款、存出保证金为认可资产。

5. 账龄不大于12个月的其他应收款为认可资产，最高认可金额为其账面余额的80%；账龄大于12个月的其他应收款为非认可资产。

（五）委托投资资产

担保公司可以委托担保资产管理公司、所属集团（控股）公司等机构进行投资，还可以将外汇资金委托境外投资机构进行投资。其中不符合以下任何一项要求的委托投资所形成的资产为非认可资产：（1）委托人、受托人、托管人（如有）和托管代理人（如有）的资格符合担保监管机构的有关规定。（2）委托和托管由担保总公司统一安排。（3）委托人、受托人、托管人（如有）签订合法、有效的书面资产委托管理协议和托管协议（如有）。(4) 委托投资资产以委托人的名义交易和持有。

（六）证券回购

1. 对于封闭式逆回购，担保公司在证券交易所市场进行封闭式逆回购取得的买入返售证券，以账面价值作为其认可价值；担保公司在银行间债券市场进行封闭式逆回购取得的买入返售证券，以账面价值与质押证券市场的低者作为其认可价值。但是，除银行、基金管理公司、邮政储蓄机构、社保基金理事会外，担保公司在银行间债券市场与其他交易对手进行封闭式逆回购取得的买入返售证券为非认可资产。

2. 对于买断式逆回购，买入返售证券款为认可资产，以账面价值作为其认可价值。

3. 对于封闭式正回购，担保公司进行封闭式正回购所形成的质押证券为认可资产，以账面价值作为其认可价值。

4. 对于买断式正回购，待回购证券为认可资产，以账面价值作为其认可价值。

（七）固定资产

对于固定资产，下列固定资产应当确认为非认可资产：(1) 有迹象表明担保公司不能任意处置的固定资产为非认可资产，包括作为担保物的固定资产、作为诉讼标的的固定资产、被扣押、查封的固定资产。(2) 机械、动力及安全保卫设备、电器设备、办公、通讯及文字处理设备、办公家具及其他固定资产。对于房屋、电子数据处理设备、交通运输设备、在建工程等，应按一定的标准予以认可。其中房屋的最高认可金额为准备金（包括未到期责任准备金和担保赔偿准备金，下同）的15%；电子数据处理设备的最高认可金额为准备金的3%；交通运输设备的最高认可金额为准备金的1%。在建房屋和在建电子数据处理设备为认可资产，其他在建工程为非认可资产。

（八）土地使用权

土地使用权为认可资产。但由于担保物权限制或其他原因而不能任意处置的土地使用权为非认可资产。

（九）计算机软件

在电子计算机制造环节预装的计算机软件以及与电子计算机一起购买的在取得成本上无法区分的计算机软件，应当按电子数据处理设备的认可标准进行认可。核心业务协调形成的资产为认可资产，但最高认可金额为实收资本（或股本）、资本公积、盈余公积、担保扶持基金、其他权益工具之和的30%。

（十）再担保业务相关资产

符合下列条件的再担保业务相关资产为非认可资产：①分入人或分出人出现财务危机、被监管部门接管或被宣告破产的；②境外分入人或分出人所在地出现政治动乱、战争、金融危机、管制等事项导致对其处置和收回受到限制的。

1. 应收分保款项

对于境内再担保业务形成的应收分保款项应当按照以下标准认可：分入人或分出人上一季度末偿付能力充足率大于或等于100%，且账龄不大于6个月的应收分保款项为认可资产，以账面价值作为其认可价值；分入人或分出人上一季度末偿付能力充足率在0—100%之间，且账龄不大于6个月的应收分保款项为认可资产，以账面价值的80%作为认可价值。分入人或分出人上一季度末偿付能力充足率小于0或账龄大于6个月的应收分保款项为非认可资产。对于境外再担保业务形成的应收分保款项应当按照以下标准认可：分入人或分出人上一季度末偿付能力满足所在地偿付能力监管要求，且账龄不大于6个月的应收分保账款为认可资产，以账面价值的90%作为其认可价值。分入人或分出人上一季度末偿付能力不满足所在地偿付能力监管要求或账龄大于6个月的应收分保款项为非认可资产。

2. 应收分保合同准备金

对于境内再担保业务形成的应收分保准备金应当按照以下标准认可：分入人上一季度末偿付能力充足率大于或等于100%的，相应分出业务确认的应收分保准备金为认可资产，以账面价值作为其认可价值；分入人上一季度末偿付能力充足率在0至100%之间的，相应分出业务确认的应收分保准备金为认可资产，以账面价值的80%作为其认可价值。分入人上一季度末偿付能力充足率小于0的，相应分出业务确认的应收分保准备金为非认可资产。对于境外再担保业务形成的应收分保准备金应当按照以下标准认可：分入人上一季度末偿付能力满足所在地偿付能力监管要求的，相应分出业务确认的应收分保准备金为认可资产，以账面价值的90%作为其认可价值；分入人上一季度末偿付能力不满足所在地偿付能力监管要求的，相应分出业务确认的应收分保准备金为非认可资产。

3. 金融资产

再担保分出人在合同生效时，应当确认一项金融资产（分出保费减去分保手续费或其他折让等）。境内分入人上一季度末偿付能力充足率大于或等于100%，该项金融资产为认可资产，以账面价值作为其认可价值。境内分入人上一季度末偿付能力充足率小于100%，该项金融资产为非认可资产。境外分入人上一季度末偿付能力满足所在地偿付能力监管规定的，该项金融资产为认可资产，以账面价值的90%作为其认可价值。境外分入人偿付能力不满足所在地偿付能力监管规定，该项金融资产为非认可资产。

二、认可负债表

担保公司的认可负债（Admitted Liability）是指担保监管机构对担保公司进行偿付能力考核时，按照一定的标准予以认可，纳入实际资本计算的负债。担保公司应填报认可负债表（见表7-2）。在负债中，除对资本性负债进行特别规定外，担保公司的各项负债和对外保证担保形成的或有负债为认可负债。担保公司的各项负债应当以账面余额作为其认可价值。

表7-2　　认可负债表

编制单位：　　　　年　　月　　日　　　　单位：元

序号	项目	本年	上年
1	未到期责任准备金		
2	担保赔偿准备金		
3	预收保费		
4	应付手续费及佣金		
5	应付分保账款		
6	预收分保赔款		
7	存入分保准备金		
8	应付职工薪酬		

续表

序号	项目	本年	上年
9	应交税费		
10	应付赔付款		
11	应付股利		
12	卖出回购金融资产款		
13	应付债券		
14	预计负债		
15	或有负债		
16	其他负债		
	认可负债合计		

目前，对担保公司认可负债的认定主要集中在公司是否足额谨慎地提取了各种责任准备金上。担保公司的责任准备金的认可价值是按照担保监管部门规定的标准评估的责任准备金。

由于资本性负债和普通负债有较大区别，具备负债和资本双重性质，因此，应当按照一定的标准将资本性负债部分认可为负债，部分认可为实际资本。目前国内资本性负债主要是次级债，在次级债的存续期内，随着剩余偿还年限的缩短，其资本的特性越来越弱，负债的特性越来越强。因此，剩余偿还年限越短，次级债认可为负债的部分就越多，担保公司募集的次级债应当在到期日前按照以下比例折算确认为认可负债，以折算后的账面余额作为其认可价值。剩余年限在 1 年以内的，折算比例为 80%；剩余年限在 1 年以上（含 1 年）2 年以内的，折算比例为 60%；剩余年限在 2 年以上（含 2 年）3 年以内的，折算比例为 40%；剩余年限在 3 年以上（含 3 年）4 年以内的，折算比例为 20%；剩余年限在 4 年以上（含 4 年）的，折算比例为零。如果担保公司与债权人协议改变所募集次级债的偿还时间，则应当按照双方重新约定的到期日计算该部分次级债的剩余年限，按上述比例折算确认为认可负债。

预计负债应当以账面余额作为其认可价值，但对外抵押、质押担保形成的预计负债的认可价值为零，对外保证担保形成的预计负债的认可价值不得低于担保金额的 50%。

对于或有负债，虽然它不是通用财务报表中的负债，但从偿付能力评估的角度看，应当充分考虑或有负债对担保公司偿付能力的影响。因此，和国际上的通行做法一致，应将或有负债纳入认可负债的范围。从形成或有负债的原因看，或有负债包含的内容较多，有对外保证担保形成的或有负债，有未决诉讼、未决仲裁形成的或有负债。但从中国实际出发，考虑到或有负债内容的重要性和计量的可靠性，只有对外保证担保形成的或有负债确认为认可负债，其他或有负债暂不确认为认可负债。对外保证担保形成的或有负债的认可价值不得低于其担保金额的50%。

第二节 担保公司监管指标

一、速动比率

速动比率=速动资产÷认可负债×100%

其中速动资产是指认可资产表中的“现金及流动性管理工具”和“投资资产”的净认可价值合计，认可负债是指认可负债表中的“认可负债合计”的金额。

本指标值的正常范围为大于95%。

二、应收保费率

应收保费率=应收保费÷保费收入×100%

其中应收保费是指认可资产表中“应收保费”的账面价值账龄不大于12个月的应收保费价值。保费收入为利润表中的“保费收入”。

本指标值的正常范围为不大于8%。

三、认可资产负债率

认可资产负债率=认可负债÷认可资产×100%

其中认可负债为认可负债表中的“认可负债合计”的金额，认可资产为认可资产表中的“认可资产合计”的金额。

本指标值的正常范围为小于90%。

四、资产认可率

资产认可率 = 资产净认可价值 ÷ 资产账面价值 × 100%

其中资产净认可价值和资产账面价值分别等于认可资产表中“认可资产合计”项的“本年净认可价值”和“本年账面价值”。

本指标值的正常范围为不小于 85%。

五、保费规模率

保费规模率 = （保费收入 + 分保费收入） ÷ （认可资产 − 认可负债） × 100%

其中保费收入和分保费收入分别为利润表中的“保费收入”和“分保费收入”，认可资产和认可负债相应数据取自认可资产表中的“认可资产合计”和“认可负债合计”项目的“账面价值”。

本指标值的正常范围为不大于 900%。

六、两年赔付率

两年赔付率 = ［本年和上年的赔付支出（减摊回赔付支出）之和 + 本年和上年的提取担保赔偿准备金（减摊回担保赔偿准备金）之和］ ÷ （本年和上年的保费收入之和 + 本年和上年的分保费收入之和 − 本年和上年的分出保费之和 − 本年和上年的提取未到期责任准备金之和） × 100%

本公式中，提取担保赔偿准备金、提取未到期责任准备金的计算口径应与认可负债表中对应的担保赔偿准备金、未到期责任准备金的计算口径相同，其他指标来自于利润表，分母即已赚保费。

该指标值的正常范围为小于 65%。

七、两年综合成本率

两年综合成本率 = 两年费用率 + 两年赔付率

其中，

两年费用率 = ［本年和上年的业务及管理费（减摊回分保费用）之和 + 本年和上年的手续费及佣金支出之和 + 本年和上年的分保费用之和 + 本年和上年的营业税金及附加之和］ ÷ 本年和上年的已赚保费之和 × 100%

本公式中各项指标来自于利润表，经营期不足两年的新公司，以已有的经营期为限计算本指标。

本指标值的正常范围为小于103%。

八、资金运用收益率

资金运用收益率 = 资金运用收益 ÷ 本年现金和投资资产平均余额 ×100%

其中资金运用收益为利润表中的“投资收益”、“利息收入”、“公允价值变动损益”合计数。

本年现金和投资资产平均余额 = （上年末现金和投资资产 + 本年末现金和投资资产）÷2，相应数据取自认可资产表中的“现金及流动性管理工具”和“投资资产”项目的“账面价值”。

本指标值的正常范围为不小于3%。

九、融资风险率

融资风险率 = （卖出回购金融资产款 + 应付债券）÷（实收资本 + 公积金）×100%

其中卖出回购金融资产款、应付债券分别为认可负债表中的“卖出回购金融资产款”、“应付债券”，实收资本为资产负债表中的“实收资本”，公积金等于资产负债表中的“资本公积”和“盈余公积”两项之和。

本指标值的正常范围为不大于50%。

十、盈余缓解率

盈余缓解率 = （摊回分保费用 - 分保费用）÷（认可资产 - 认可负债）×100%

其中摊回分保费用和分保费用来自利润表对应项目，认可资产和认可负债分别来自认可资产表和认可负债表。

本指标值的正常范围为 -25% -25%。

十一、实际资本变化率

实际资本变化率 = （本年实际资本 - 上年实际资本）÷上年实际资本 ×100%

其中实际资本，也可称为实际偿付能力额度。它是认可资产减去认可负债后的余额。这一定义体现了实际资本的以下基本特征：

（一）永久的（或长期的）、无限制的

永久的（或长期的），即实际资本没有到期期限（或者期限很长）；无限制的，即没有任何条件或情况（如担保、冻结或其他第三方权益）限制担保公司用实际资本履行对保单持有人的赔付义务。

（二）易于吸收风险损失

实际资本应当具有较好的流动性，风险较低。例如，担保公司在国有商业银行存款的风险较低，属于认可资产，应计入实际资本；担保公司在信用社的存款信用风险较高，属于非认可资产，就不能计入实际资本。

（三）清偿顺序在保单责任和其他债务之后

即在担保公司履行完对保单持有人的代偿赔付义务和其他债务（如所欠税款、对外信用担保）之前，实际资本出资人无权动用实际资本。

本指标值的正常范围为 -10% -30%。

十二、偿付能力充足率

偿付能力充足率 = 实际资本 ÷ 最低资本 ×100%

偿付能力充足率也可称为资本充足率，其中最低资本，也可称为最低偿付能力额度，它是指担保公司为应对资产风险、承保风险等风险对偿付能力的不利影响，依据担保监管机构规定而应当具有的资本数额。对于担保公司来说，要求资产大于负债，而且还要超过一定额度，这个超过的一定额度就是担保公司的最低偿付能力。担保公司只有达到最低偿付能力的要求，才能使投保人的利益得到确实保证。因此，担保公司应具有与其业务规模相适应的最低偿付能力。按照《暂行办法》规定，担保公司注册资本的最低限额不得低于人民币500万元。通过计算偿付能力充足率，可以判断担保公司的偿付能力是否充足。

根据担保公司偿付能力状况可将担保公司分为下列三类，实施分类监管[①]：(1) 不足类公司，指偿付能力充足率低于100%的担保公司；(2) 充足I类公司，指偿付能力充足率在100%到150%之间的担保公司；(3) 充足II类公司，指偿付能力充足率高于150%的担保公司。

对于不足类公司，担保监管机构应当区分不同情形，采取下列一项或者多项监管措施：(1) 责令增加资本金或者限制向股东分红；(2) 限制董事、高级管理人员的薪酬水平和在职消费水平；(3) 限制商业性广告；(4) 限制增设分支机构、限制业务范围、责令停止开展新业务、责令转让担保业务或者责令办理分出业务；(5) 责令拍卖资产或者限制固定资产购置；(6) 限制资金运用渠道；(7) 调整负责人及有关管理人员；(8) 接管；(9) 担保监管机构认为必要的其他监管措施。担保监管机构可以要求充足I类公司提交和实施预防偿付能力不足的计划。充足I类公司和充足II类公司存在重大偿付能力风险的，担保监管机构可以要求其进行整改或者采取必要的监管措施。

---

① 2008年7月10日中国保险监督管理委员会颁布的《保险公司偿付能力管理规定》，对保险公司分类监管办法作出了规定，这对担保行业有参考价值。

主要参考文献

1. 财政部：《担保企业会计核算办法》，中国金融出版社 2006 年版。

2. 魏迎宁：《现场检查》，中国财政经济出版社 2005 年版。

3. 刘少君、郭大焕：《保险公司审计要领》，中国发展出版社 2005 年版。

4. 巴曙松："中国担保业会计制度框架的改进研究"，《金融会计》2006 年第 4 期。

5. 徐惠珍："《担保企业会计核算办法》解析"，《财会通讯》2007 年第 9 期。

6. 肖海鹏："新准则下担保企业会计核算的几个问题"，《中国乡镇企业会计》2012 年第 6 期。

7. 徐爱水："融资性担保公司监管制度剖析"，《华北金融》2011 年第 7 期。

8. 张吉光、陈亚鹏："关于担保公司规范发展的若干思考"，《海南金融》2010 年第 2 期。

9. 侯旭华：《担保公司会计实务》，中国财政经济出版社 2014 年版。

10. 侯旭华："担保准备金公允价值计量方法研究"，《财经理论与实践》2012 年第 4 期。

11. 侯旭华："对担保行业会计改革几个问题的思考"，《会计之友》2012 年第 9 期。

12. Berger Udell, "Small business credit availability and relationship lending: the importance of bank organizational structure", *Economic Journal* 2008, 12.

13. Jose Lopezs, "An empirical approach to the financial behavior of small and medium sized companies", *Small Business Economics* 2011, 4.